27 BOULES TEMARI

inspiration nature

TEMARICIOUS

les éditions de saxe

Sommaire

INTRODUCTION

Pourquoi ne pas faire fleurir les graines des fleurs que chacun a en soi avec TEMARICIOUS ? C'est avec ce souhait en tête que nous avons créé ce livre sur le thème des fleurs. Une graine donne naissance à une fleur, et les papillons, qui se rassemblent autour de la fleur, sont les voyageurs qui nous guident à travers les différents mondes.

Pour que tout le monde puisse apprécier les boules Temari, nous proposons des modèles inspirés de la broderie et des travaux manuels, en plus des motifs traditionnels, pour une confection et une inspiration originales.
Laissez libre cours à votre imagination et prenez plaisir à confectionner des boules Temari, vous pourrez ainsi créer votre fleur personnelle. Chacun de nous a sa fleur préférée, et tout comme les papillons, nous sommes tous attirés par elle. Une réaction chimique se produit et comme un voyage, l'aventure inattendue dans le monde de la création commence.
Quelle sorte de fleurs possédez-vous dans votre intérieur ? De quelles couleurs sont-elles ? Quel genre de paysage souhaiteriez-vous découvrir ? Nous espérons que ce livre vous inspirera pour vos créations futures.

Les graines de la fleur TEMARICIOUS sont nées du défi de vivre une vie qui leur correspond. Une petite graine, deux petites graines, puis dix et maintenant nos graines sont nombreuses. Nous remercions nos équipes et nos élèves qui ont semé et entretenu ces graines, et aussi notre éditeur qui nous ont doucement guidés comme des papillons volants, et bien sûr nos amis et notre famille qui nous soutiennent comme une terre fertile
Découvrez nos boules Temari fleuries à travers ce livre.

TEMARICIOUS

Viola

Explications : p. 49 et 91
de gauche à droite : A, B-1, B-2

 Aigrettes de pissenlit

Explications : p. 52

de gauche à droite : A-1, A-2, B, C

 Jumeaux

Explications : p. 50

de gauche à droite : A, B

Explications : p. 57 de gauche à droite : A, B

Magnolia

Explications : p. 46

Explications : p. 58 de gauche à droite : A-1, A-2, B-1, B-2

Jeu du Temari

« Crunch, crunch, crunch... », c'est le bruit que vous entendez lorsque l'aiguille et le fil pénètreront dans la boule remplie de balle de riz. La balle de riz est une matière naturelle, au toucher agréable, mais aussi au parfum d'épis de riz, qui vous rappelleront notre histoire étroitement liée à la culture des céréales. Nous avons testé de nombreuses matières, mais nous sommes tellement attachées à la balle de riz que nous confectionnons les boules Temari uniquement avec cette matière enveloppée dans du papier fin. Pour profiter encore davantage du processus de confection, nous avons commencé à mélanger la balle avec des huiles essentielles et les herbes aromatiques que nous avions dans notre jardin. Maintenant, ces boules parfumées sont devenues un des produits phares de notre marque TEMARICIOUS.

De nombreuses personnes sont attirées par la forme ronde des boules Temari. Elle fait penser à la terre, la lune, les oranges... il y a de nombreuses formes rondes autour de nous. Est-ce le sentiment de sécurité que procurent les objets ronds ? Le mot « rond » et ses dérivés se trouvent dans plusieurs proverbes japonais. Le Temari était un outil élégant qui permettait de transmettre un message, avec ses motifs traditionnels, plein de significations. Aujourd'hui, cela nous fait sourire en imaginant le Temari comme étant le précurseur du SMS.

Il est très plaisant d'admirer les boules Temari, mais le processus de fabrication fait également partie du plaisir. Vous pouvez en profiter avec tous vos sens, et exprimer vos propres sentiments en combinant les différents motifs, couleurs et parfums. Nous serions heureuses que vous puissiez apprécier les joies de la fabrication des boules Temari avec TEMARICIOUS.

Papillon d'été

Explications : p. 60

Explications : p. 62

Œillets d'Inde

Belle au bois dormant

Explications : p. 64

Explications : p. 65 de gauche à droite : A, B

 Échinacée Explications : p. 66

Explications : p. 67 de gauche à droite : A, B

Bois de cèdre

Cadeau de la nature

Printemps : le jaune éclatant extrait des vergerettes de Philadelphie fleuries au bord de la route.
Été : le bleu obtenu avec des feuilles de persicaire à indigo, qui fascine les gens depuis l'Antiquité.
Automne : la douce couleur orangée des feuilles de l'olivier odorant Aurantiacus.
Hiver : le marron clair extrait des glands séchés.

Sur les conseils de notre professeur de Temari, nous avons commencé à teindre nos propres fils à la maison, et ce fut le début des fils TEMARICIOUS. Nous avons connu de nombreux échecs avant d'obtenir la couleur que nous imaginions et nous avons passé des jours et des jours à étudier chaque plante pour faire des expériences. Aujourd'hui encore, nous nous souvenons vivement de la teinture des plantes de chaque saison, et le simple fait de toucher le fil, nous fait revivre les émotions de cette période consacrée à la teinture. Nous sommes également devenues plus sensibles au changement des saisons et nous avons appris à les apprécier. Nous avons plus d'expériences maintenant et notre équipe s'occupe de la teinture à la main, dans notre atelier de Nishiogikubo à Tokyo. Il est très difficile d'obtenir une couleur identique avec la teinture végétale. La même branche d'un arbre peut changer légèrement de couleur d'une année à l'autre, c'est la règle de la nature. C'est la raison pour laquelle, les fils TEMARICIOUS sont étiquetés, avec la précision de l'année de fabrication.

Le choix des couleurs est l'une des parties les plus amusantes de la confection d'une boule Temari. Nous avons constaté que chacun a sa propre gamme de couleurs préférées. Certains préfèrent une gamme de couleurs plus étroite, d'autres une gamme plus large. « Être différent, c'est merveilleux. » C'est un monde merveilleux, qui s'inspire les couleurs des fleurs, des herbes et des arbres. Nous espérons que vous trouverez vos propres couleurs inspirées de notre belle nature.

Nuancier

01, oignon

02, bambou

03, vergerette de Philadelphie

04, arbre de fukugi

05, romarin

06 armoise japonaise

07 armoise japonaise

08, Kudzu

09, vicia sativa

10, vicia sativa

11 armoise japonaise

12, feuille indigo

13, feuille indigo

14, inigo et oignon

15, inigo et oignon

16, indigo

17, indigo

18, campêche

19, campêche

20, campêche

21, indigo et noix

22, campêche

23, campêche

24, campêche

25 grémil des teinturiers

26, carmin et indigo

27, campêche

28, campêche

29, avocat

30, carmin

31, carmin

32, carmin

33, garance des teinturiers

34, carmin

Voici le nuancier des fils, à recouvrir et à broder, utilisés dans ce livre.
Sous chaque échantillon figure le nom des plantes qui rentrent dans la fabrication de nos teintures. La même plante peut être utilisée dans différentes couleurs, en fonction du mordant.
La même couleur peut aussi être obtenue à partir de plantes différentes.
Dans les explications, le numéro de la couleur est indiqué entre parenthèses.

35, carmin

36, carmin

37, garance des teinturiers

38, garance des teinturiers

39, garance des teinturiers

40, garance des teinturiers

41, garance des teinturiers

42, garance des teinturiers

43, carmin et garance des teinturiers

44, bambou

45, tagetes

46, bambou

47, oignon

48, arbre de fukugi

49, arbre de fukugi

50, garance des teinturiers

51 feuille de cerisier

52, avocat

53, avocat

54, mimosa

55 feuille de cerisier

56, carmin

57, abricotier

58, noix

59, houblon

60 armoise japonaise

61, gland

62, châtaignier

63, sans teinture

64, campêche

65, campêche

66, châtaignier

67, châtaignier

68, lilas d'été

69, lilas d'été

 Feuilles d'automne

Explications : p. 68

de gauche à droite, haut : A, B, C, D, bas : E, F, G, H

Explications : p. 69

Papillons

 Pompon chrysanthème Explications : p. 70 de gauche à droite : A, B

Explications : p. 76

Lycoris rouge

 Annabelle Explications : p. 72 dans le sens des aiguilles d'une montre : A, B, C

Explications : p. 74

Protea

Voyage en TEMARICIOUS

Enroulez le fil autour de la boule. Le point de la fin du tour est aussi le début du prochain tour. La création d'une boule Temari est à comparer à la Terre – le pôle Nord, le pôle Sud et l'Equateur – cela nous fait voyager autour du monde. Sans nous connaitre, nous étions toutes les deux parties en Europe et nous y avons vécu pendant près de dix ans. Nous pensions que le nouveau monde pourrait nous donner les réponses que nous cherchions et nous permettrait de trouver comment être « soi-même ». Puis, nous nous sommes rencontrées, par une étrange coïncidence, et nous avons créé la marque TEMARICIOUS. Ce que nous cherchions dans un pays étranger existait en fait tout près de chez nous. Il fallait juste regarder. La boule Temari et la teinture végétale nous l'ont appris.

Dans ce livre, de nombreux papillons apparaissent et se rassemblent autour des fleurs. Les papillons volent librement et sont symbole de voyage. Nous prenons plaisir à nous rencontrer et à communiquer avec de nombreuses personnes à travers notre voyage autour des boules Temari et des fils teints avec des végétaux. Nous pensons que la réalisation des Temari est aussi une façon de voyager dans le passé, à travers des techniques et des motifs traditionnels. Les rencontres que nous faisons au cours de nos voyages nous inspirent pour créer de nouvelles couleurs et de nouveaux motifs.
Nous continuons toujours à explorer notre propre monde, à travers les teintures végétales et les boules Temari que nous n'avons pas encore découvertes. Le voyage nous apporte la prise de conscience de nouvelles valeurs, de nouvelles possibilités et d'une nouvelle diversité. Nous découvrons qu'il existe d'autres options dans notre vie quotidienne, et nous éprouvons un sentiment de richesse de plus en plus profond au fil des voyages.

Pourquoi ne pas voyager avec des boules Temari ?

 Prisme **Diamant** **Triangle** Explications : p. 77, 78 et 80

Explications : p. 82

Couronne

 Machaon

Explications : p. 49 et 84 p. 34 : A, p. 35 : B

 Boule de Noël Explications : p. 92 haut : A, bas : B

Explications : p. 86 de gauche à droite : A-1, A-2, B

Flocon de neige

Jardin

Explications : p. 88

Explications
Réalisation de la boule Temari

Ordre de réalisation
1 Envelopper la balle de riz dans du papier fin, puis enrouler le fil à recouvrir (ici, corail) autour du papier pour former la boule de base.
* Cette boule nue peut être utilisée pour certains modèles.
2 Diviser la surface de la boule et marquer les lignes de division.
* Certains modèles à motifs libres peuvent être réalisés sans repères.
3 Broder le motif à l'aide des lignes de division comme repère.

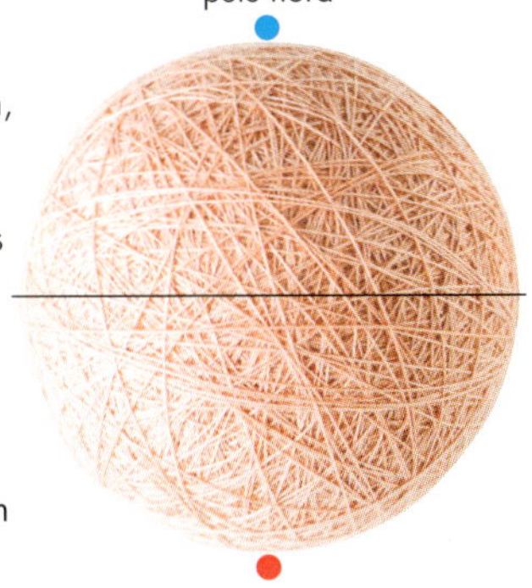

Lexique
Dans les explications, des termes évoquant la terre sont utilisés.
Le haut et le bas de la boule sont appelés le pôle nord et le pôle sud.
La circonférence est appelée l'équateur.

Fournitures et matériel

1 Papier fin
Pour recouvrir la balle de riz. Il peut être remplacé par un mouchoir en papier ou un tissu fin intissé.

2 Ruban en papier
Pour définir les emplacements de la ligne de division et de la broderie. Préparer des rubans de 0,5 cm de large.

3 Enfile-aiguille
Pour enfiler le fil sur une aiguille.

4 Aiguille longue
Préparer une aiguille grosse et longue, avec un grand chas. Une aiguille de 9 cm de long est conseillée pour réaliser les ouvrages de ce livre.

5 Stylo
Pour marquer les repères sur le ruban en papier.

6 Grelot
À insérer dans le cœur de la boule Temari pour confectionner un hochet pour bébé.

7 Ciseaux à broder
Pour couper le fil.

8 Épingles
Pour marquer les repères qui diviseront la surface. Il est conseillé de choisir des épingles à tête ronde de couleurs différentes.

9 Mètre ruban
Pour mesurer la boule.

10 Règle
Pour mesurer une petite distance et marquer les repères sur le ruban en papier.

11 Huile essentielle
Pour parfumer la balle de riz.

12 Herbes séchées
Pour parfumer la balle de riz.

13 Tissus teints
Tissus de lin teints avec des végétaux pour réaliser des fleurs qui agrémenteront les boules.

14 Chutes de laine
Pour broder.

15 Coton à broder n° 25
Pour réaliser la broderie qui se fera avec 3 brins, sauf indication contraire.

16 Fil Diamant DMC
Pour apporter de la brillance à la broderie. Choisir la grosseur de l'aiguille adaptée à celle du fil.

17 Fil de coton fin
Pour recouvrir toute la surface du cœur et pour former la sphère. La grosseur du fil utilisé dans ce livre correspond à celle de 6 brins de coton à broder n° 25.

18 Balle de riz
Pour réaliser le cœur des boules Temari.

Divisions

Il est très important de diviser précisément la surface de la sphère et de marquer les lignes de division.
Il existe 2 types de division, simple ou combinée, pour réaliser des motifs plus ou moins complexes.
7 variations de division sont présentées dans ce livre.

Simple

pôle nord, pôle sud (haut) — équateur (côté)

Division simple en 6

Diviser l'équateur (circonférence) en 6, puis relier le pôle nord et le pôle sud.

pôle nord, pôle sud (haut) — équateur (côté)

Division simple en 8

Division de base.
Diviser l'équateur (circonférence) en 8, puis relier le pôle nord et le pôle sud.

pôle nord, pôle sud (haut) — équateur (côté)

Division simple en 16

Diviser l'équateur (circonférence) en 8 (fils roses), puis diviser chaque partie déjà divisée en 2 (fils rouges).

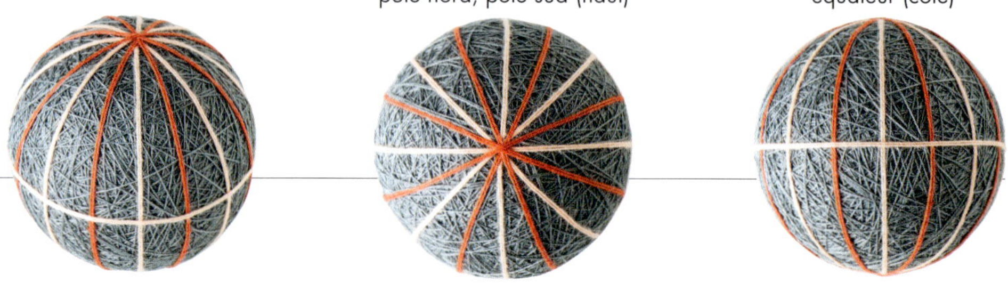

pôle nord, pôle sud (haut) — équateur (côté)

Division simple en 20

Diviser l'équateur (circonférence) en 10 (fils roses), puis diviser chaque partie déja divisée en 2 (fils rouges).

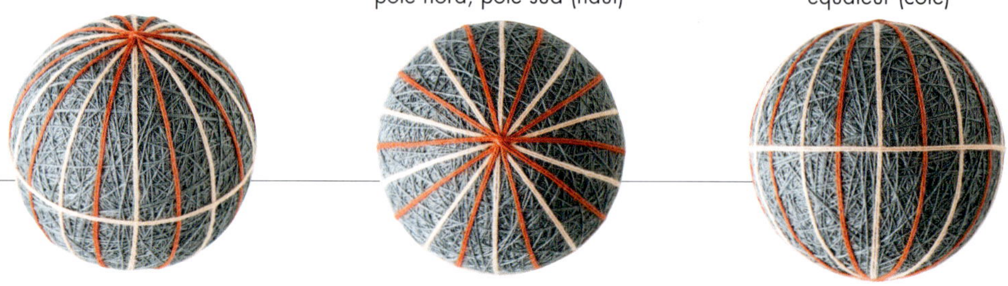

pôle nord, pôle sud (haut)

équateur (côté)

Division simple en 24

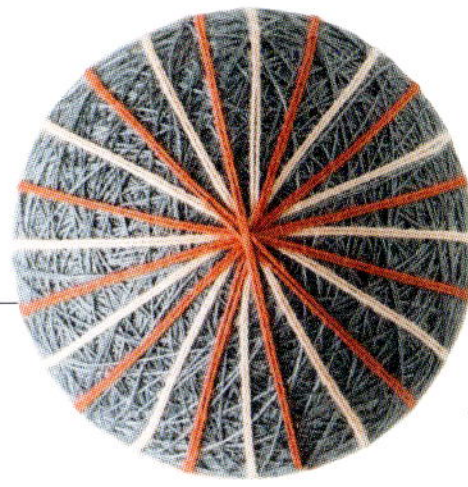

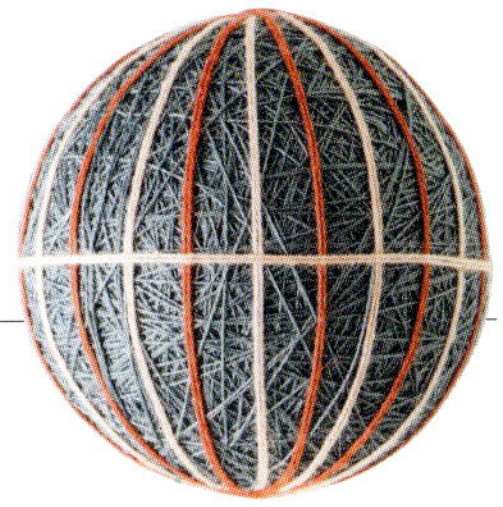

Diviser l'équateur (circonférence) en 12 (fils roses), puis diviser chaque partie déjà divisée en 2 (fils rouges).

Combinée

Division en 8 combinée

Ajouter des fils (rouge et bleu) à la division simple en 8 pour obtenir des repères des motifs suivants : losange divisé en 4, carré divisé en 8 et triangle divisé en 6.

pôle nord, pôle sud (haut)

équateur (côté)

losange divisé en 4
(12 losanges en tout)

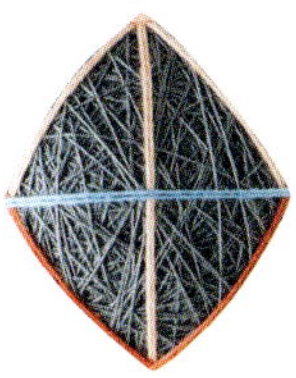

carré divisé en 8
(6 carrés en tout)

triangle divisé en 6
(8 triangles en tout)

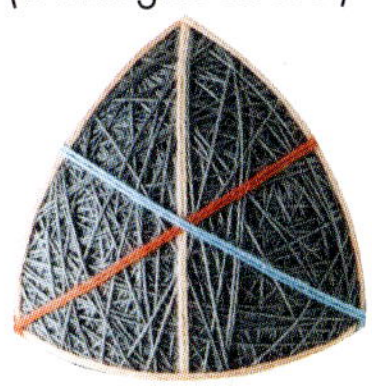

pôle nord, pôle sud (haut)

Division en 8 combinée + lignes auxiliaires

Ajouter des fils jaunes à la division en 8 combinée précédente pour obtenir les repères des motifs suivants : carré divisé en 8 et triangle divisé en 6.

carré divisé en 8
(6 carrés en tout)

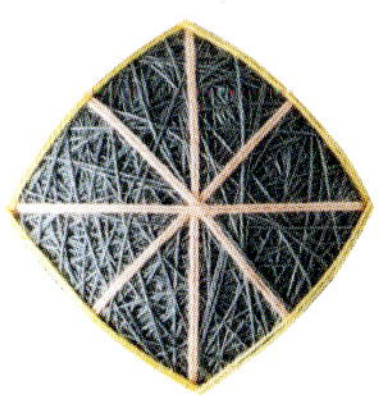

triangle divisé en 6
(8 triangles en tout)

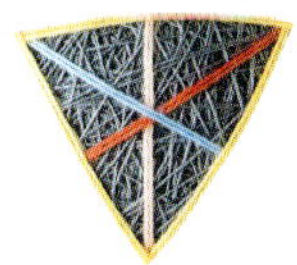

Simple

Division simple en 8

Division de la surface

Les explications sont réalisées avec la division simple en 8. Les autres divisions simples sont réalisées de la même manière en modifiant la division de l'équateur.

Ordre d'épinglage

Déterminer le pôle nord. → Mesurer la circonférence. → Déterminer le pôle sud. → Déterminer l'équateur. → Diviser l'équateur en 8.

* Pour déterminer le pôle sud et l'équateur, faire des essais en changeant légèrement l'angle de l'enroulement du ruban, pour l'adapter parfaitement à la mesure de la circonférence.

* Épingler perpendiculairement au cœur.

* Utiliser 1 fil à broder (6 brins) de couleur similaire à celle du cœur pour les repères, sauf indication contraire.

1 Réaliser le guide de division en 8.

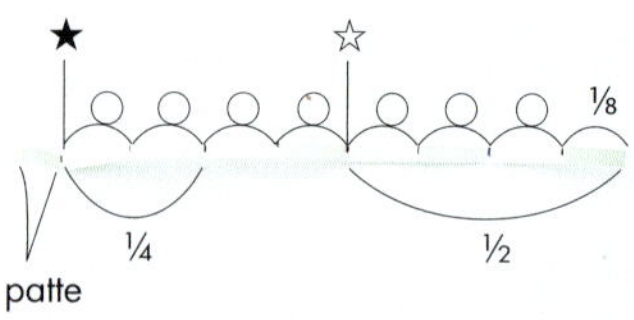

Préparer un ruban en papier de la longueur de la circonférence + la marge pour la patte. Diviser la circonférence en 8 et marquer les repères.

2 Déterminer le pôle nord.

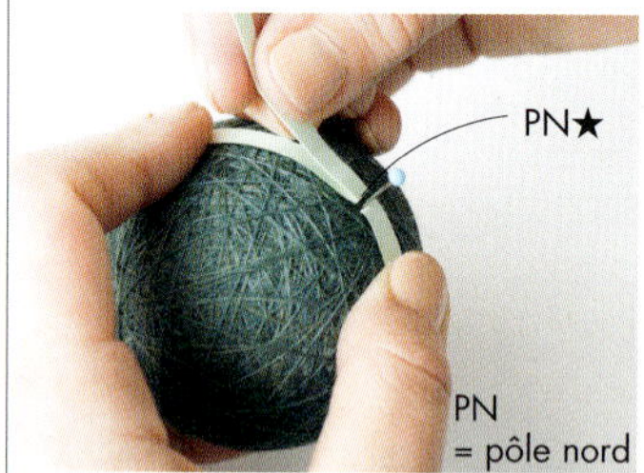

Piquer 1 épingle (bleue) dans le cœur. Ce point correspond au pôle nord. Enrouler le ruban tout le tour de la boule à partir de l'épingle. Rabattre le ruban au ras de l'épingle pour marquer la pliure (★).

3 Mesurer la circonférence.

Couper le ruban à 3 cm de la pliure.

4

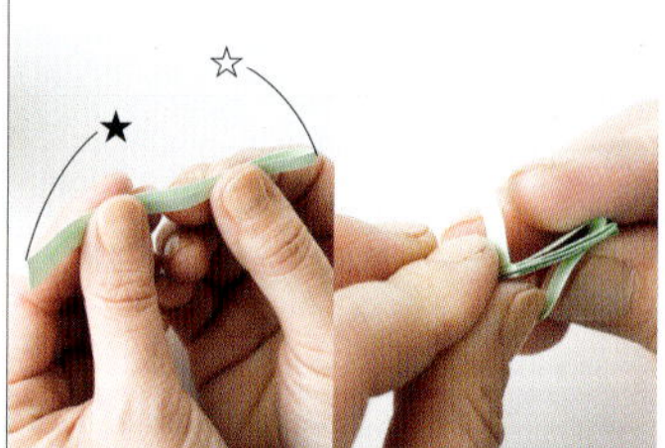

Plier le ruban en 2, hors patte, pour obtenir 1/2 de la circonférence (☆). Le plier encore 2 fois en accordéon pour le diviser en 8 (voir l'étape **1**).

5

Épingler le ruban de l'étape **4** au pôle nord, puis l'enrouler autour de la boule.

6 Déterminer le pôle sud.

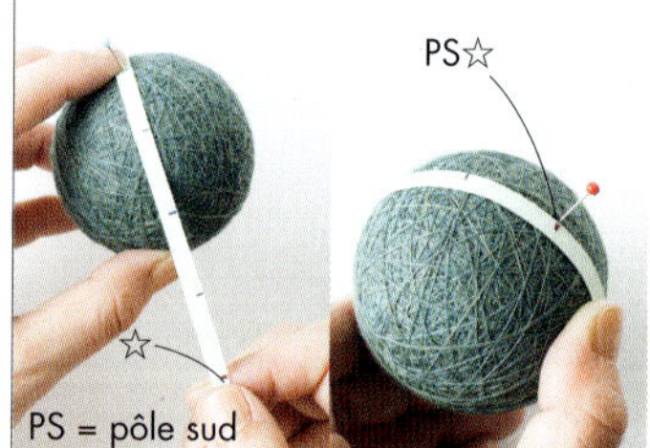

Tout en maintenant le ruban, piquer l'épingle (rouge) au repère (☆). Il est très important de diviser précisément la sphère. Le déplacer légèrement, si nécessaire, pour obtenir le point précis.

7 Déterminer l'équateur.

Piquer l'épingle (blanche) au milieu, entre le pôle nord et le pôle sud (1/4 de la circonférence).

8

Faire pivoter le ruban pour piquer provisoirement les 7 autres épingles sur l'équateur.

9

Enlever le ruban du pôle nord. Remettre l'épingle bleue au pôle nord. Enrouler le ruban autour de l'équateur, puis repiquer les épingles blanches en respectant les repères de 1/8 de la circonférence.

10

Les 8 épingles sont placées en divisant l'équateur en 8.

11 Marquer les lignes de division.

Enfiler du coton à broder et piquer l'aiguille à 3 cm du pôle nord, puis la sortir au ras de l'épingle bleue. Tirer le fil pour insérer son extrémité dans le cœur.

12

Disposer le pôle nord vers soi et passer le fil vers le haut, pour arriver à gauche de l'épingle blanche.

13

Passer le fil à gauche de l'épingle rouge (pôle sud), puis à droite de l'épingle blanche (équateur) pour revenir au pôle nord.
* Le fil est passé une fois à gauche et une fois à droite des épingles blanches de l'équateur.

14

Accrocher le fil sur l'épingle du pôle nord, puis changer d'angle vers la droite. Passer le fil tout le tour en passant par l'épingle blanche suivante (2).

15

Passer le fil en suivant les étapes **12** à **14** pour placer les 8 lignes de division. À la fin, piquer l'aiguille au ras de l'épingle du pôle nord, puis la sortir 3 cm plus loin.

16

Tirer le fil et le couper au ras de la boule. Vérifier si la circonférence est bien divisée en 8, vue du haut.

17 Marquer la ligne de l'équateur.

Sortir l'aiguille au ras de l'épingle blanche, puis enrouler le fil tout le tour en suivant les épingles blanches.

18

À la fin du tour, piquer l'aiguille au ras à droite de la ligne de division, puis la sortir 3 cm plus loin. Enlever toutes les épingles. La division simple en 8 est réalisée.

Pôle nord

Équateur

Pôle sud

Division en 8 combinée

Des lignes supplémentaires sont ajoutées sur la division simple pour créer la division combinée, plus complexe que la première.
Le pôle nord et le pôle sud ont été déplacés 2 fois pour ajouter les lignes de division.

Ordre d'épinglage

Réaliser la division simple en 8. → Déplacer les pôles pour déterminer le pôle nord 2 et le pôle sud 2, puis diviser en 8. → Déplacer les pôles pour déterminer le pôle nord 3 et le pôle sud 3, puis diviser en 8.

* Pour déterminer le pôle sud et l'équateur, faire des essais en changeant l'angle de l'enroulement pour l'adapter parfaitement à la mesure de circonférence.

* Épingler perpendiculairement à la boule.

* Utiliser 1 fil à broder (6 brins) de couleur assortie à celle de la boule de base pour réaliser les lignes de division, sauf indication contraire.

PN = pôle nord, PS = pôle sud, EQ = équateur

1 Diviser la surface en 8.

Réaliser la division simple en 8 (voir p. 42 et 43).

2 Déplacer les pôles (1re fois).

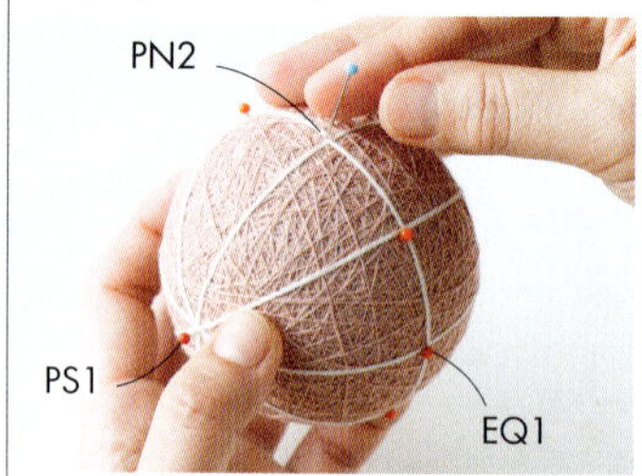

Déplacer le pôle nord au croisement de la ligne de division et de l'équateur. Ce point est considéré comme le pôle nord 2.

3

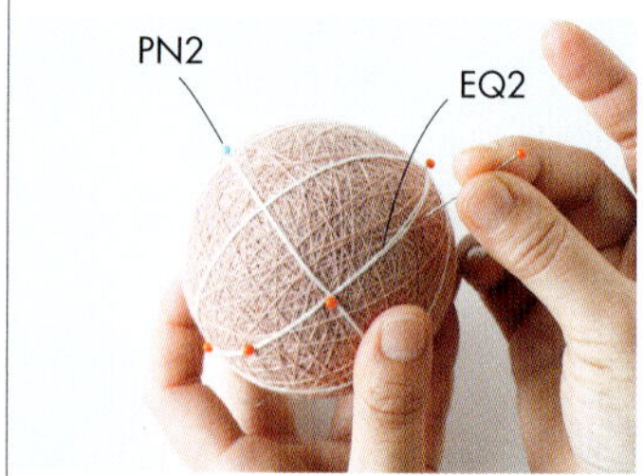

Déplacer le pôle sud à l'opposé du pôle nord 2. Piquer provisoirement les 8 épingles sur l'équateur.

4

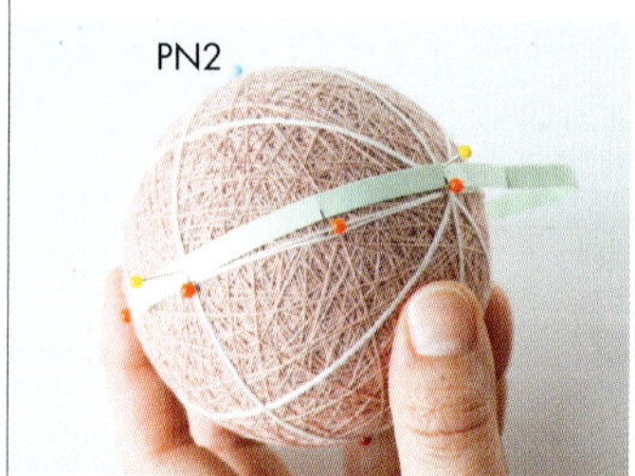

Placer le ruban divisé en 8 sur l'équateur, puis l'épingler en respectant les repères.

5

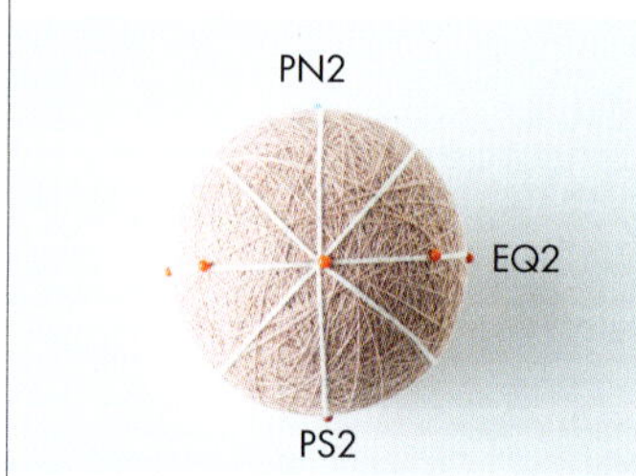

Le pôle nord 2, le pôle sud 2 et l'équateur 2 ont été déterminés.

6

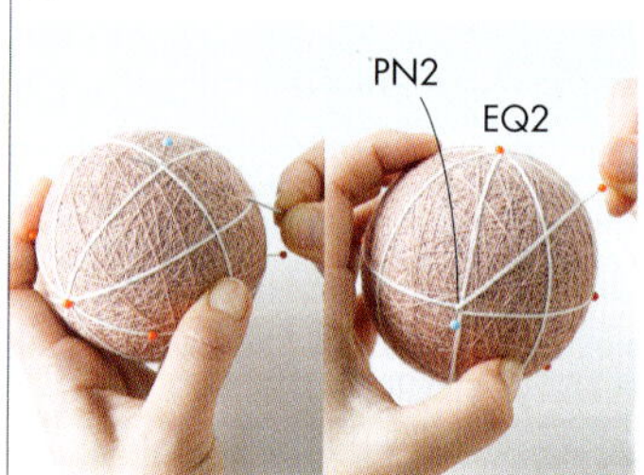

Sortir l'aiguille au ras du pôle nord 2, puis passer le fil jusqu'à gauche de l'épingle de l'équateur 2, où les fils ne sont pas croisés.

7

Passer le fil à gauche du pôle sud 2.

8

Passer le fil jusqu'à droite de l'épingle de l'équateur 2, où les fils ne sont pas croisés.

9

Revenir au pôle nord 2 (1er tour).

10

Accrocher le fil sur l'épingle du pôle nord 2, puis commencer le 2ᵉ tour à 90° vers la droite par rapport au 1ᵉʳ tour.

11

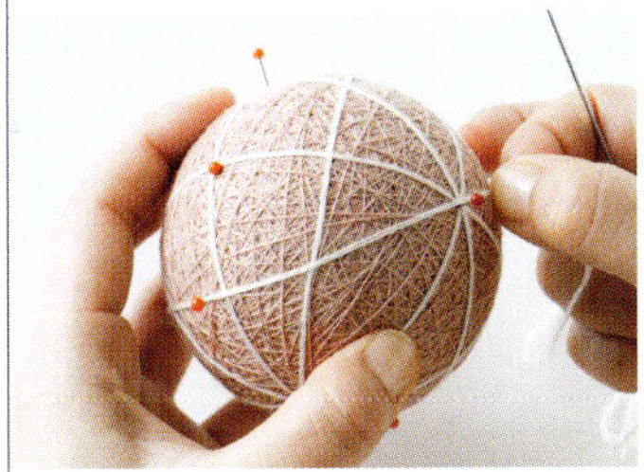

Passer le fil sur l'équateur 2 et le pôle sud 2 en suivant les étapes **6** et **7**.

12

Passer le fil sur l'équateur 2 et revenir sur le pôle nord 2 en suivant les étapes **8** et **9**.

13

Accrocher le fil sur l'épingle du pôle nord 2. Piquer l'aiguille au ras de l'épingle, puis la sortir 3 cm plus loin.

14

Tirer le fil, puis le couper au ras de la boule.
2 lignes de division supplémentaires ont été ajoutées.

15 Déplacer les pôles (2ᵉ fois).

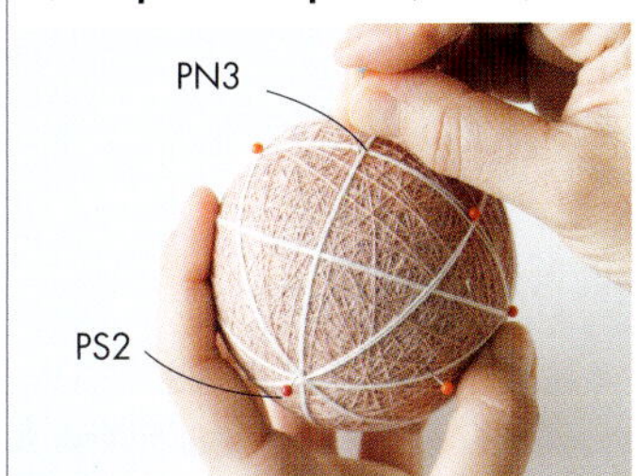

Déplacer le pôle nord 2, comme à l'étape **2**, au croisement de la ligne de division et de l'équateur 2. Ce point est considéré comme le pôle nord 3.

16

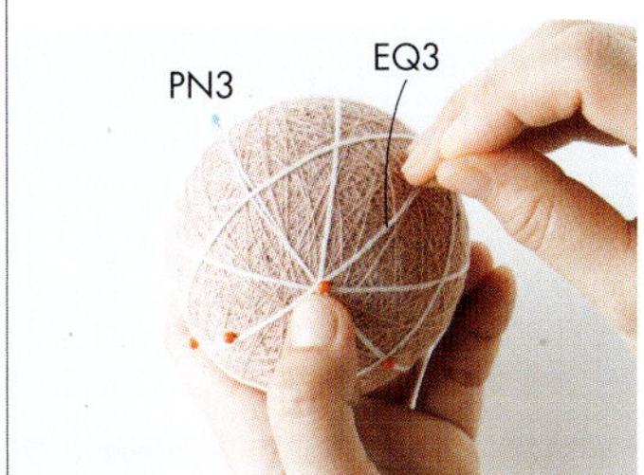

Déplacer le pôle sud à l'opposé du pôle nord 3. Déplacer les épingles de l'équateur en suivant les étapes **3** et **4**.

17

Piquer l'aiguille à 3 cm du pôle nord 3, puis la sortir au ras du pôle nord 3. Passer 2 tours de fil en suivant les étapes **6** à **14** pour ajouter 2 lignes de division supplémentaires.

Division en 8 combinée

Losange divisé en 4 (12 losanges en tout)

Carré divisé en 8 (6 carrés en tout)

Triangle divisé en 6 (8 triangles en tout)

Modèle traditionnel

Magnolia

page 10

Circonférence : 18 cm
Division simple en 8

Fournitures

Boule de base

Fil à recouvrir, fil de division : vert (15), moutarde (60)
Balle de riz : 19 g

Broderie

Coton à broder n° 25
Bande : vert (15)

Face pôle nord

Fleur : rose pâle (30), rose cendré (51), rose (40)
Cœur : moutarde (60), vert (15)

Face pôle sud

Fleur : bleu pâle (64), rose pâle (30)
Cœur : blanc (63), rose pâle (30)

∗ Utiliser 1 fil (6 brins) de coton, sauf indication contraire.
∗ L'unité de mesure est le centimètre.
∗ Les numéros de fil correspondent aux couleurs présentées p. 22.

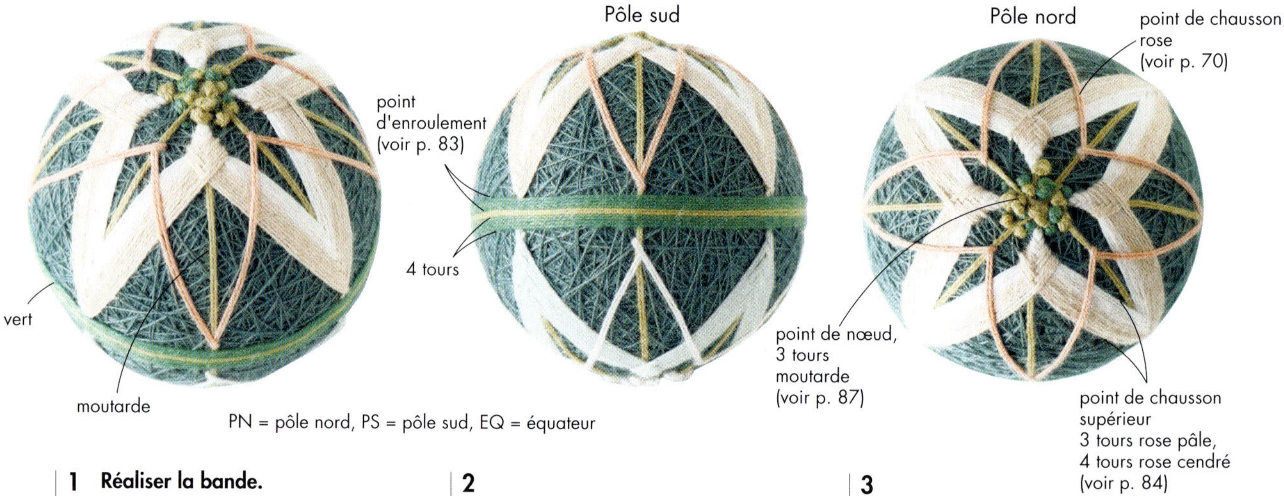

PN = pôle nord, PS = pôle sud, EQ = équateur

1 Réaliser la bande.

Piquer l'épingle bleue au pôle nord et l'épingle rouge au pôle sud. Sortir l'aiguille à gauche de la ligne de division du début (3 brins verts).

2

Rabattre le fil vers soi, puis l'enrouler tout le tour en suivant le repère de l'équateur.

3

Enrouler 4 tours en tout sans créer d'espace. Piquer l'aiguille sous la bande et la ligne de l'équateur pour la sortir par la gauche de la ligne de l'équateur.

4

Retourner la boule pour disposer la bande vers la gauche de l'équateur, puis enrouler le fil comme à l'étape **2**.

5

Enrouler 4 tours en tout sans créer d'espace. Piquer l'aiguille à droite de la ligne de division, puis la sortir 3 cm plus loin. Couper le fil.

6

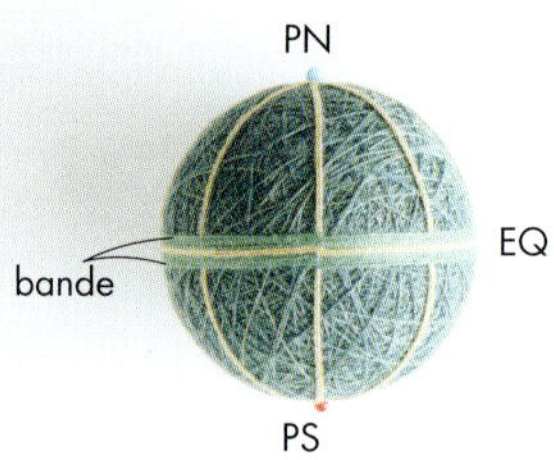

La bande est réalisée.

* Les explications entre [ ] indiquent la réalisation de la face pôle sud.

7 Broder la fleur.

Plier l'extrémité du ruban sur 2 cm, puis placer la pliure au ras de l'épingle du pôle nord. Couper le ruban à la longueur équivalente entre le pôle nord et la bande.

8

Diviser le ruban en 3 et marquer les repères. Placer le ruban sur la ligne de division, puis piquer l'épingle jaune à 2/3 de la distance entre le pôle nord et la bande.

9

Faire pivoter le ruban et épingler toutes les 2 lignes de division en suivant l'étape 8. 4 épingles jaunes sont placées sur la boule.

10

Couper 1 cm de ruban en papier et placer son centre au pôle nord, puis l'épingler.

11

Piquer l'épingle orange à l'écart de l'épingle jaune, sur la ligne de division, pour marquer le début. Enfiler le fil rose pâle et sortir l'aiguille au ras de l'épingle jaune, à gauche.

12

Passer le fil sur la ligne de division de droite. Piquer l'aiguille au ras du ruban, de droite à gauche, en prenant la ligne de division.

13

Passer le fil vers la droite, puis piquer l'aiguille au ras de l'épingle jaune, de droite à gauche et en biais.

14

Continuer en suivant les étapes **11** à **13** pour revenir au début. Piquer l'aiguille en biais, de droite à gauche, juste au-dessus du fil du début. Enlever les épingles, sauf le repère du début.

15

Passer le fil sur le croisement de la ligne de division et du 1er tour. Piquer l'aiguille sous le croisement, de droite à gauche. Enlever le ruban et l'épingle du pôle nord.

16

Vue du pôle nord

Continuer de la même manière pour réaliser 3 tours. Arrêter le fil. [Continuer de la même manière pour réaliser 7 tours avec le fil bleu pâle, sans changer de fil. La fleur du pôle sud est terminée.]

17

Enfiler le fil rose cendré. Réaliser 4 tours en suivant les étapes **11** à **16**. Arrêter le fil.

18

Les 4 pétales au point de chausson supérieur sont terminés.

19

Enfiler le fil rose [rose pâle], puis piquer l'aiguille à gauche du croisement de la bande et la ligne de division à gauche du début. Passer le fil sur la ligne de division de droite. Piquer l'aiguille sous cette ligne, de droite à gauche, au niveau du dernier croisement des pétales.

20

Passer le fil sur la ligne de division de droite, puis piquer l'aiguille au ras de la bande, de droite à gauche, sous cette ligne.

21

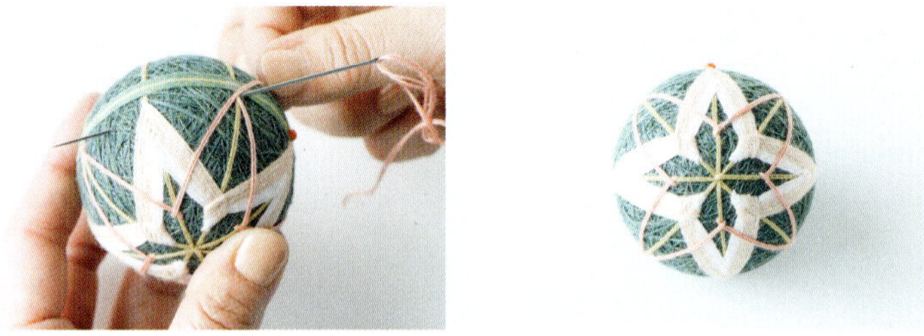

Continuer à passer le fil en suivant les étapes **19** et **20** pour réaliser 1 tour. À la fin du tour, piquer l'aiguille à droite de la ligne de division, puis la sortir 3 cm plus loin.

22 Réaliser le cœur de la fleur.

Enfiler le fil moutarde [blanc]. Sortir l'aiguille près du pôle. Tirer le fil pour insérer l'extrémité du fil dans la boule.

23

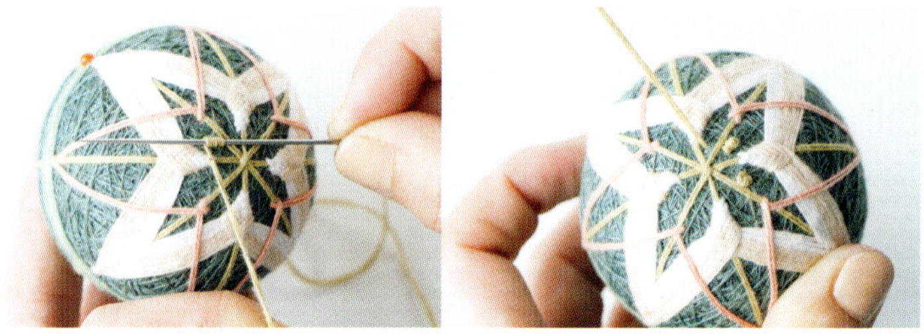

Broder quelques points de nœud (3 tours) au cœur de la fleur.

24

Enfiler le fil vert [rose pâle], puis broder quelques points de nœud (3 tours) au cœur de la fleur. Broder également les points de nœud au pôle sud.

Pôle sud

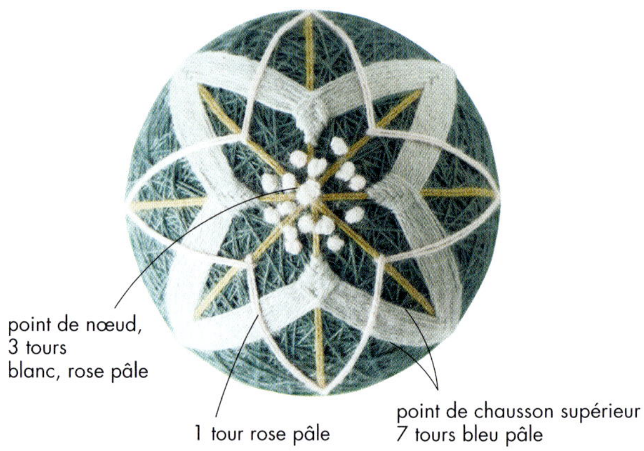

Points clés

Viola

page 4

Réalisation de la fleur en tissu

1

Couper un tissu de ø 3 cm environ, puis l'épingler sur la boule de base.

2

Broder le point de pin (3 brins, voir p. 74) au centre du tissu.

3

Enlever les épingles, puis relever le contour du tissu pour donner du volume.

Machaon

page 34

Points de chausson supérieur et inférieur (voir p. 84)

1

Broder 3 rangs entre le pôle et la bande au point de chausson supérieur.

2

Au 1er rang du point de chausson inférieur, sortir l'aiguille juste au-dessus du début de l'étape **1**, à gauche de la ligne de division.

3

Passer le fil sur la ligne de droite, puis piquer l'aiguille au croisement de la ligne de division et du rang précédent. Prendre uniquement le repère, de droite à gauche.

4

Passer le fil sur la ligne suivante, puis piquer l'aiguille de droite à gauche, en prenant cette ligne. Passer le fil sur la ligne suivante à droite, puis piquer l'aiguille comme à l'étape **3**.

5

Continuer à broder jusqu'au bord droit. Sortir l'aiguille au ras du bord gauche, puis commencer à broder le 2e rang.

6

Répéter les étapes **2** à **5** pour broder 4 rangs au point de chausson inférieur. Le croisement du point de chausson supérieur est en relief et celui du point de chausson inférieur est plat.

Modèle traditionnel

Jumeaux

page 8

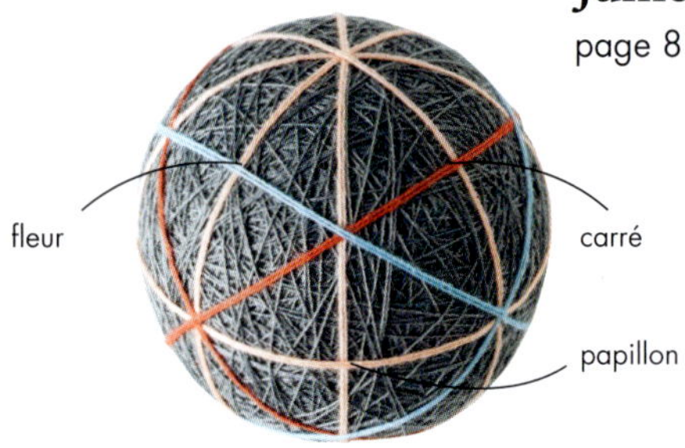

Circonférence : 24 cm
Division en 8 combinée

Fournitures

Boule de base

Fil à recouvrir, fil de division
A : indigo foncé (23), bleu pâle (16)
B : marron clair (51), blanc (63)
Balle de riz : 42 g pour chaque modèle

Broderie

Coton à broder n° 25
A : bleu pâle (16), bleu cendré (20)
B : blanc (63), orange pâle (37)

* Utiliser 1 fil (6 brins) de coton.
* L'unité de mesure est le centimètre.
* Les numéros de fil correspondent aux couleurs présentées p. 22.

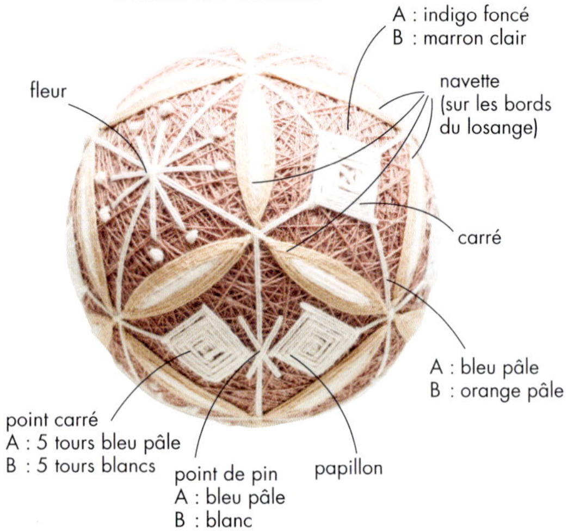

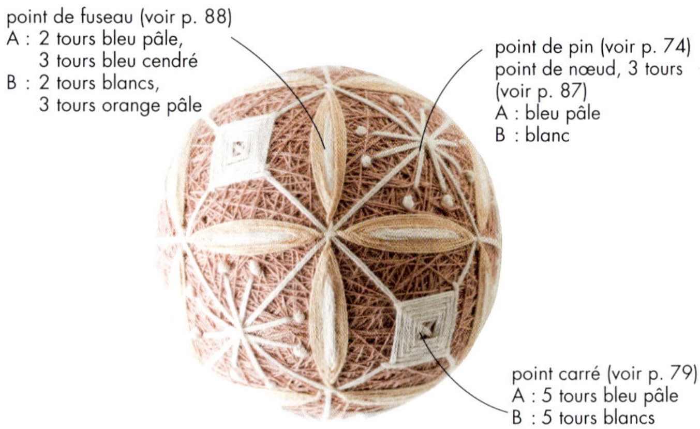

1 Réaliser les navettes.

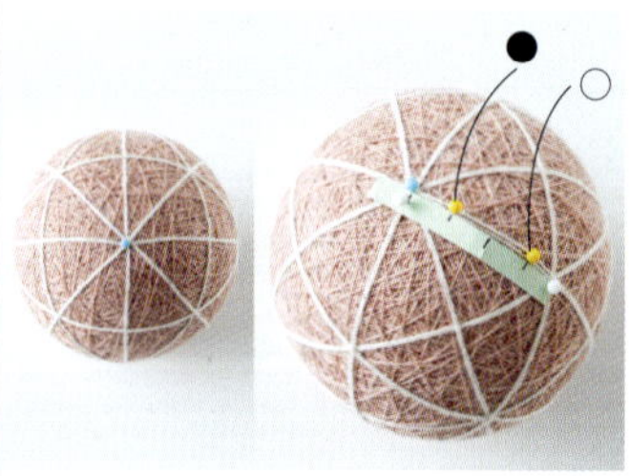

Piquer l'épingle au centre d'un carré. Couper le ruban en papier à la longueur équivalente entre l'épingle et l'angle du carré. Diviser le ruban en 4. Placer le ruban sur la ligne de division, puis épingler le repère de 1/4 (●) et de 3/4 (○).

2

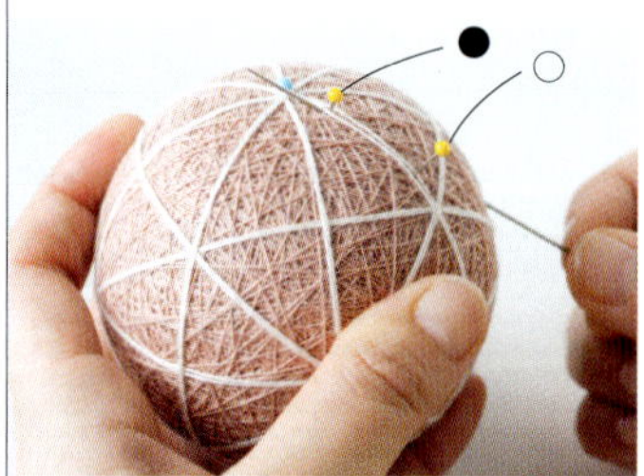

Enfiler le fil bleu pâle (A)/blanc (B). Sortir l'aiguille à gauche de la ligne de division, au niveau de l'épingle ●. Tirer le fil pour insérer l'extrémité à l'intérieur de la boule.

3

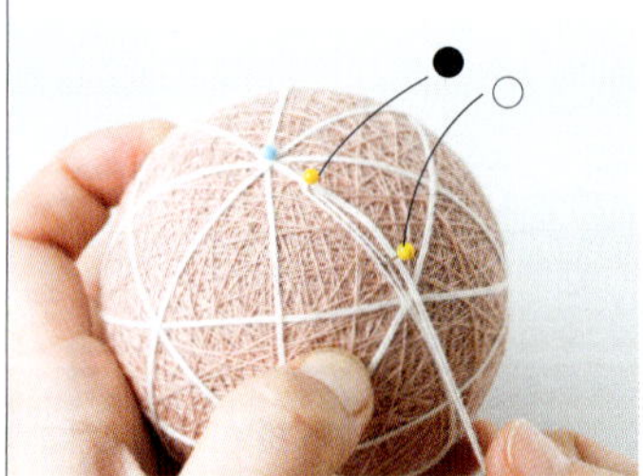

Accrocher le fil sur l'épingle ●, puis le passer à droite de l'épingle ○.

4

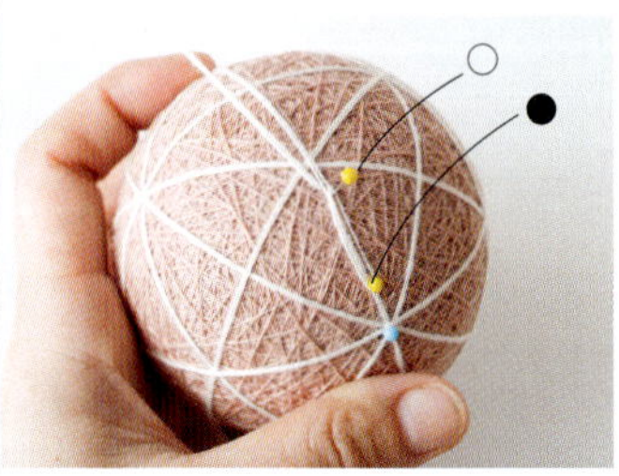

Faire pivoter la boule de 180°. Accrocher le fil sur l'épingle ○, puis piquer l'aiguille de droite à gauche sous la ligne de division.

5

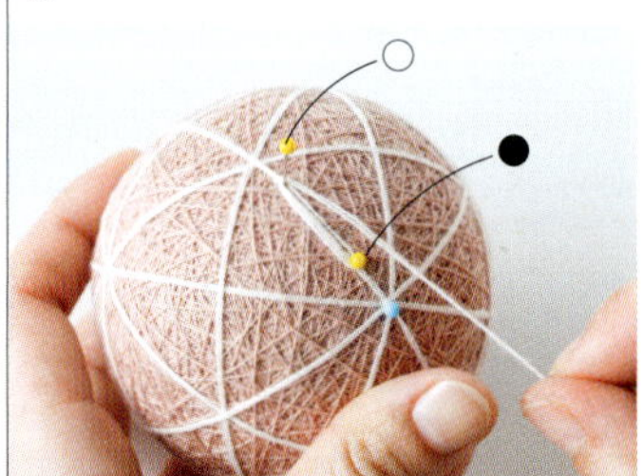

Accrocher le fil de l'étape **4** sur l'épingle ○, puis passer à droite de l'épingle ● comme à l'étape **3**.

6-1

Faire pivoter la boule de 180°. Accrocher le fil sur l'épingle, puis piquer l'aiguille de droite à gauche sous la ligne de division.

6-2

Le 1er tour de la navette est terminé.

7

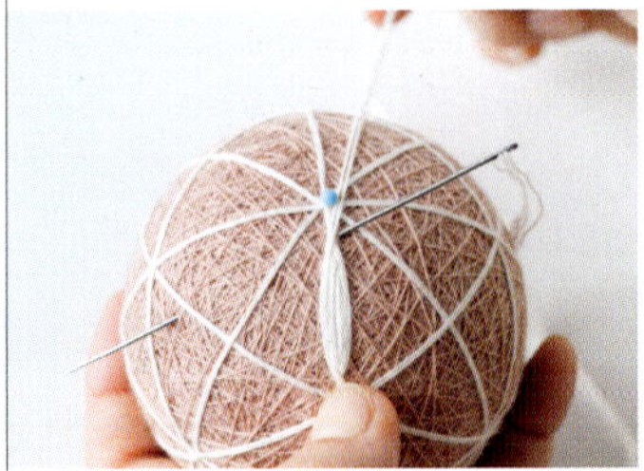

Broder le 2e tour en suivant les étapes **3** à **6**. Arrêter le fil.

8

Broder 3 autres tours avec le fil bleu cendré (A)/orange pâle (B) à l'extérieur des 2 premiers tours. Arrêter le fil.
1 navette est terminée.

9

Broder les 3 autres navettes dans le carré en suivant les étapes **1** à **8**. Broder 24 navettes en tout.

10 Broder le papillon.

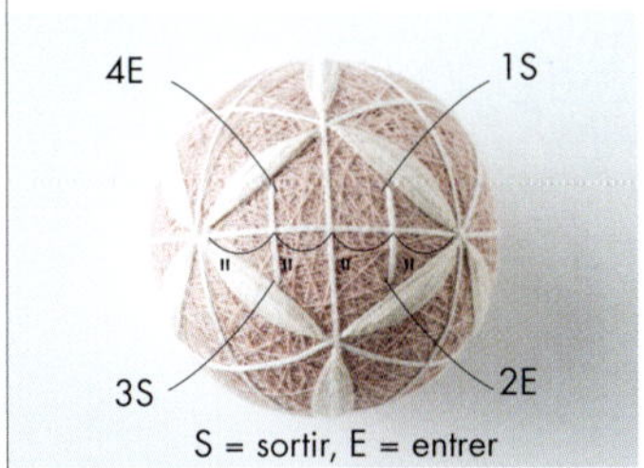

Disposer le losange délimité par 4 navettes vers soi. Diviser la ligne longue en 4 et broder 2 lignes auxiliaires (A : bleu pâle, B : blanc).

11-1

Sortir l'aiguille à 0,3 cm à gauche de la ligne auxiliaire, puis broder en faisant pivoter la boule de 90° et en prenant chaque ligne pour obtenir le motif carré.

11-2

Broder 5 tours. Le carré de droite est terminé. Si la ligne auxiliaire est visible, broder quelques tours supplémentaires.

12

Broder le carré de gauche en suivant l'étape **11**.

13

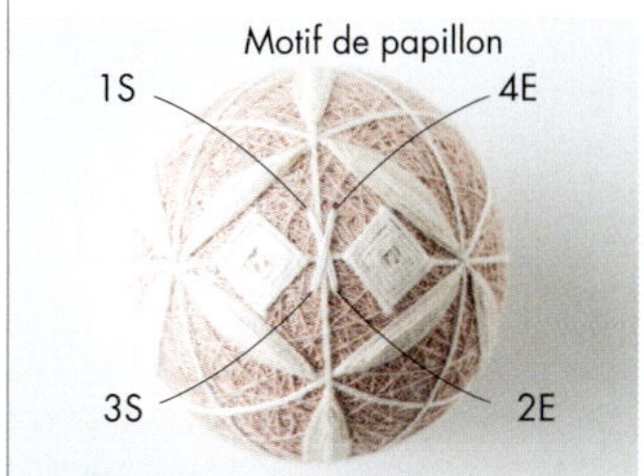

Broder un point de pin au centre du losange. Le motif de papillon est terminé.

14

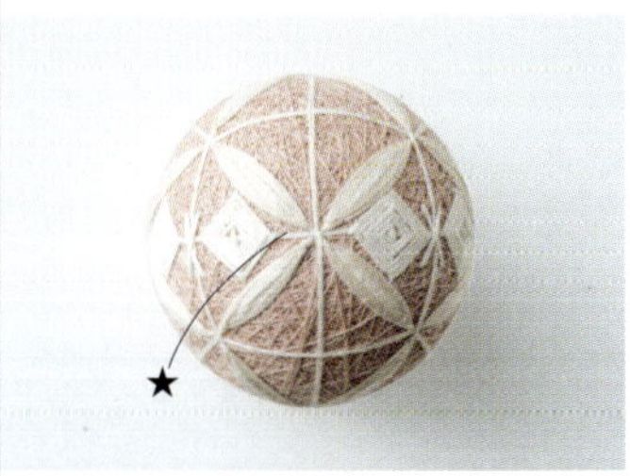

Broder 4 motifs de papillon sur la ligne de division ★ en suivant les étapes **10** à **13**.

15 Broder les carrés.

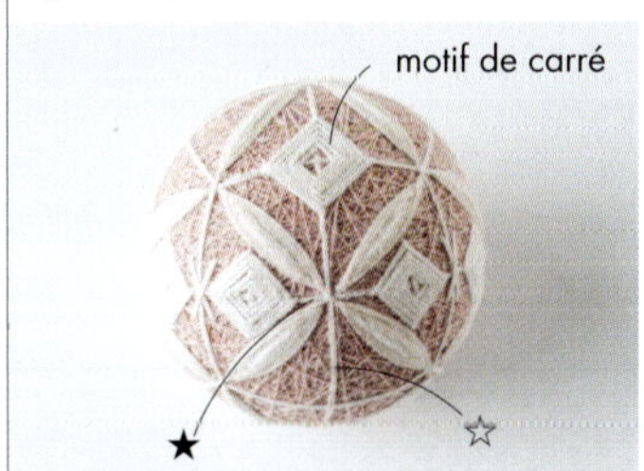

Sur la ligne de division ☆, qui croise perpendiculairement la ligne de division ★, broder un carré de 5 tours au centre du losange (A : bleu pâle, B : blanc). Broder 4 carrés en tout.

16 Broder les fleurs.

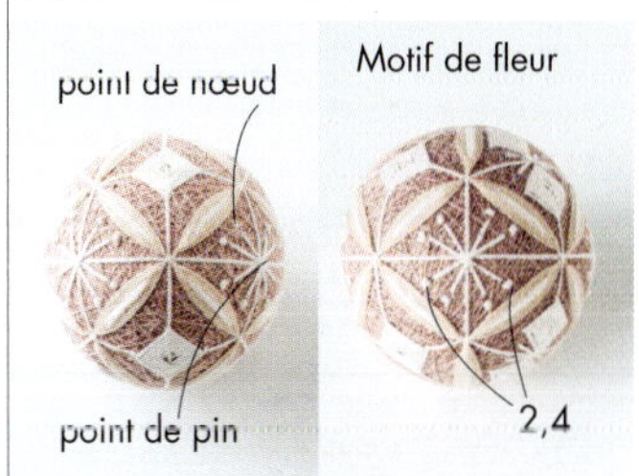

Sur l'autre ligne qui croise perpendiculairement la ligne ★, broder le centre du losange au point de pin. Broder 1 point de nœud (3 tours) à chaque extrémité (A : bleu pâle, B : blanc). Broder 4 fleurs en tout.

Modèle brodé

Circonférence : A-1, A-2 = 24 cm,
B = 20 cm, C = 13 cm
Aucune division

Aigrettes de pissenlit

page 6

Fournitures

Boule de base

Fil à recouvrir

A-1 : moutarde (05), A-2 : gris (65), B : jaune (48),
C : gris (65)

Balle de riz

A-1, A-2 : 42 g, B : 24 g, C : 8 g

Broderie

Coton à broder n° 25

A-1 : blanc (63), A-2, C : jaune pâle (01)

* Utiliser 1 fil (6 brins) de coton.
* L'unité de mesure est le centimètre.
* Les numéros de fil correspondent aux couleurs présentées p. 22.

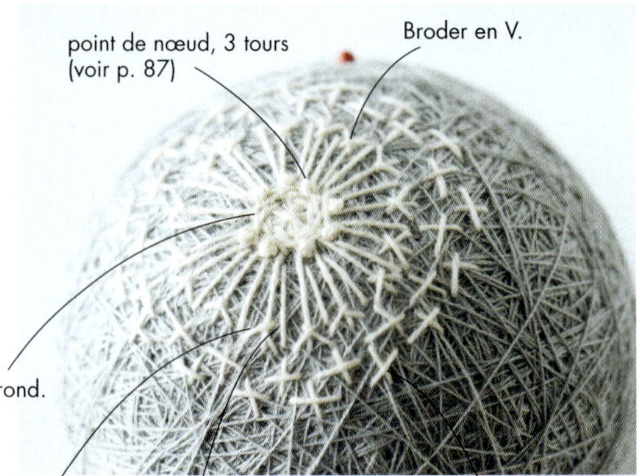

1

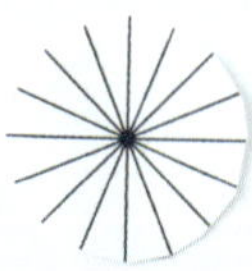

Photocopier le guide divisé en 16 (voir p. 65). Le placer sur la boule, puis épingler le centre et autour du centre. Piquer les 16 épingles jaunes et blanches au bord du guide, en alternant la couleur. Piquer l'épingle rouge au début du tour.

2

Enlever le guide. Enfiler 3 brins, puis sortir l'aiguille au ras de l'épingle jaune, indiqué par l'épingle rouge.

3

Passer le fil vers le bas, puis piquer l'aiguille au ras de l'épingle opposée.

4

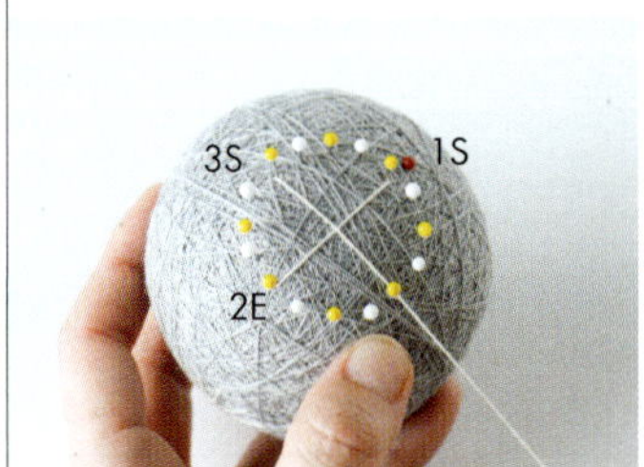

Sortir l'aiguille au ras de l'épingle à 9 heures. Passer le fil et piquer l'aiguille au ras de l'épingle de 3 heures. Une croix est formée (1er point).

5

S = sortir, E = entrer

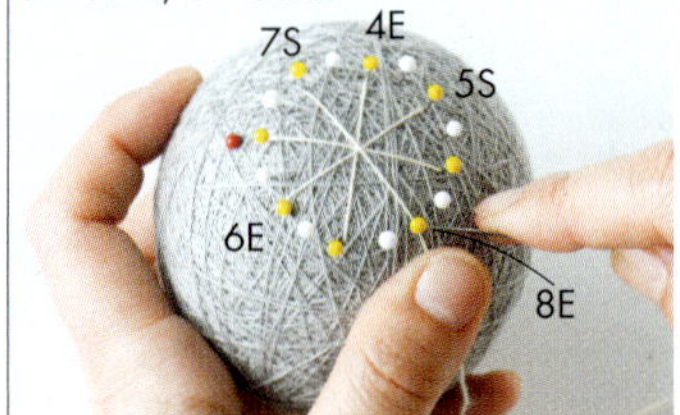

Broder une autre croix autour des autres épingles jaunes en suivant les étapes **2** à **4** (2e point).

6

Broder 2 croix aux emplacements des épingles blanches de la même manière. Arrêter le fil (3e et 4e points).

7

Enlever les épingles jaunes et blanches.

8

Enfiler 3 brins de fil. Sortir l'aiguille à 0,3 cm du centre, à gauche du point du début.

9

Passer le fil vers la droite. Sauter 1 point et piquer l'aiguille sous le 3e point, de droite à gauche.

10

Répéter l'étape **9** pour broder le 1er tour. Au 2e tour, piquer l'aiguille sous les points non brodés du tour précédent.

11

Au 3e tour, broder comme au 1er tour (étape **9**). Mettre le cercle en forme.

12

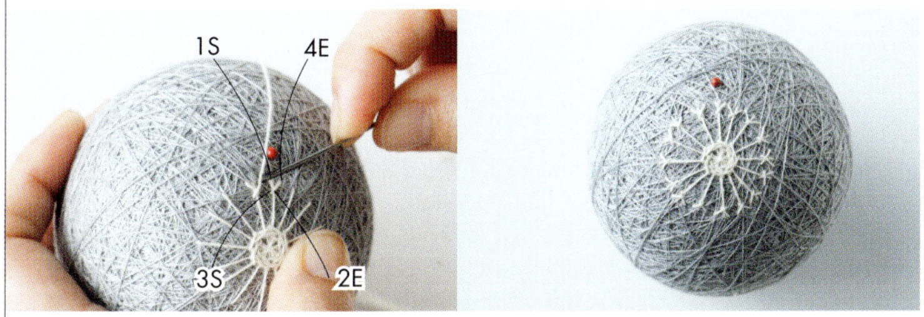

Broder un V de 0,3 cm de long à chaque extrémité des points. L'angle et la position des points peuvent être aléatoires.

13

Broder des croix au point de pin entre chaque point de pin, à 0,5 cm à l'extérieur des points de l'étape **12**.

14

Broder des croix entre les points de l'étape **13**, à l'extérieur. Arrêter le fil.

15

Broder le point de pin entre chaque point de pin de l'étape **6**.

16

Broder 8 points de nœud (3 tours) autour du cercle de l'étape **11**. 1 motif de l'aigrette est terminé. Broder les autres motifs en veillant à l'harmonie.

Réalisation du cœur de la boule Temari

Il est important de réaliser une sphère parfaite pour obtenir une belle finition.

1

Placer de la balle de riz sur du papier fin, suffisamment grand pour l'envelopper.
∗ Ajouter quelques gouttes d'huile essentielle ou un peu d'herbes séchées pour réaliser une boule Temari parfumée.

2

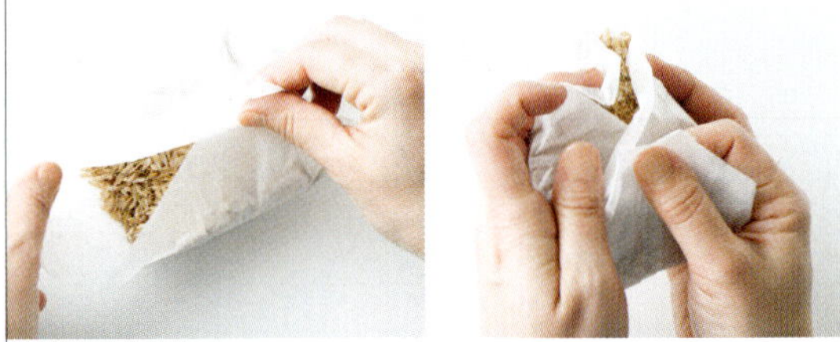

Joindre les angles du papier, puis recouvrir la balle avec le papier.

3

Commencer à enrouler le fil à partir de la jointure du papier.

4

Continuer à enrouler le fil autour du papier sans trop le serrer.

5

Rouler de temps en temps la boule entre les mains pour la mettre en forme.

6

Enrouler le fil jusqu'à 80 % de recouvrement sans trop le serrer.

7

Enrouler fermement jusqu'au recouvrement complet de la boule.

8

Enrouler le fil jusqu'à l'obtention de la circonférence souhaitée. Piquer l'aiguille dans la boule, enfiler le fil, puis sortir l'aiguille. Tirer le fil, puis le couper.

9

La boule de base est prête à être brodée.

Dimension de la boule et fournitures nécessaires

Circonférence	Balle	Papier fin	Fil
13 cm	8 g	14 x 14 cm	2 g
16 cm	12 g	16 x 16 cm	3 g
18 cm	19 g	18 x 18 cm	4 g
20 cm	24 g	19 x 19 cm	5 g
22 cm	34 g	20 x 20 cm	7 g
24 cm	42 g	21 x 21 cm	8 g
26 cm	55 g	24 x 24 cm	10 g

∗ La quantité de balle de riz est approximative.

Début de la broderie

1

Piquer l'aiguille à 3 cm du début du travail, et la sortir par le début du travail à gauche de la ligne de division.

2

Tirer le fil pour insérer l'extrémité du fil dans la boule.

3

Rabattre le fil vers soi. Cette technique permet de bien serrer le fil.

Fin de la broderie

1

Piquer l'aiguille à la fin du travail, puis la sortir à 3 cm à l'arrière.

2

Tirer le fil.

3

Couper le fil au ras de la boule.

Finition de la ligne de division

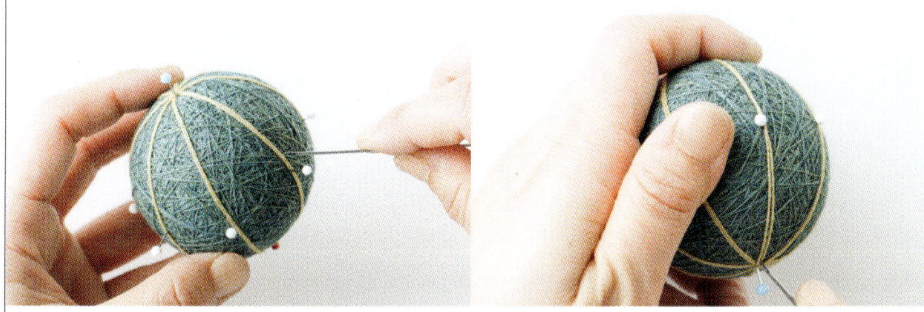

Une fois toutes les lignes de division placées sur la boule, vérifier si la division est bien répartie. Mettre en forme à l'aide du chas de l'aiguille.

Au cours de la broderie

Le fil a tendance à se tortiller.

Redresser le fil au cours du travail pour obtenir une belle finition.

Ajout du fil

Piquer l'aiguille au ras de la ligne de division (à droite), puis la sortir plus loin à l'opposé du sens du travail. Arrêter le fil. Enfiler un nouveau fil et sortir l'aiguille au ras de l'autre côté de la même ligne de division (à gauche). Continuer à broder.

 Glace Explications : p. 93 gauche : A, droite : B

Modèle traditionnel

Papillons reliés

page 9

Circonférence : 20 cm
Division simple en 16

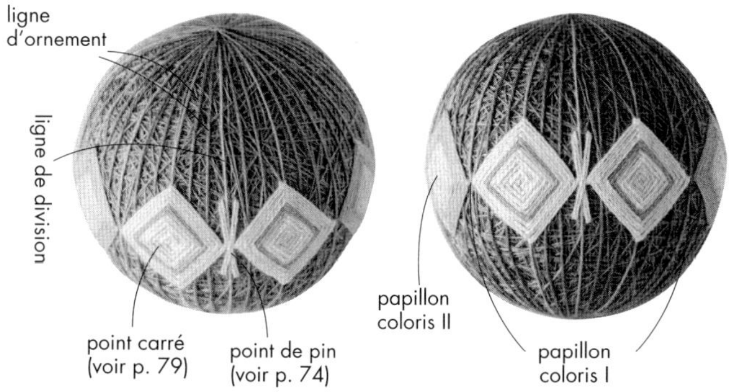

Fournitures

Boule de base

Fil à recouvrir
A : rose (39), B : vert cendré (13)
Fil de division, fil de décor
A : 2 tons de rose, B : 2 tons de vert
Balle de riz : 24 g (pour chaque modèle)

Broderie

Coton à broder n° 25
A : bleu clair pâle (16), ocre (61), rose (39), bleu-vert cendré (18), corail (40)
B : rose (39), rose pâle (56), vert pâle cendré (12), vert-jaune pâle (08), ocre (61)
* Broder avec 1 fil (6 brins), sauf indication contraire.

Réalisation

1 Préparer la boule de base, puis réaliser la division simple en 16 avec 3 brins.

2 Broder les papillons sur l'équateur. Alterner 2 carrés de coloris I et 2 carrés de coloris II. Broder 8 carrés en tout. Chaque carré est composé de 9 tours de 3 couleurs (voir schéma).

3 Broder 2 lignes d'ornement avec 3 brins entre chaque ligne de division, sans utiliser le guide de ruban en papier. Piquer l'aiguille sous les carrés.

4 Broder le point de pin entre les 2 carrés de même coloris.

Disposition

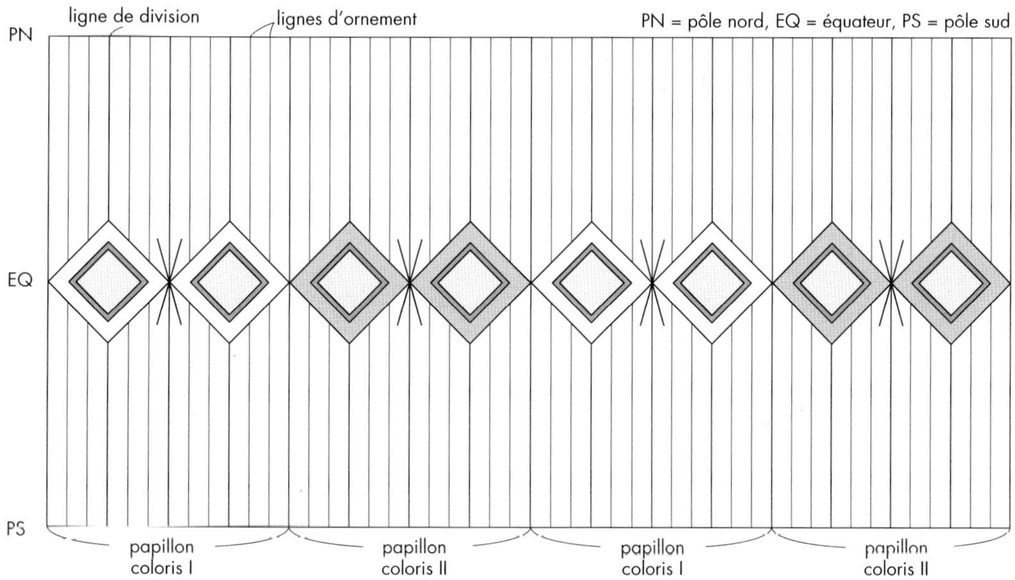

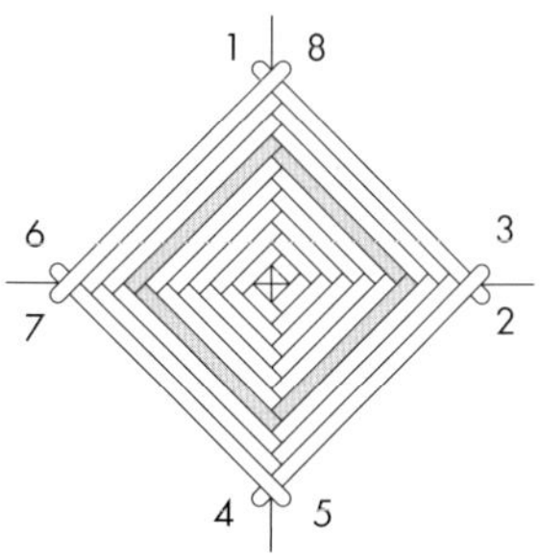

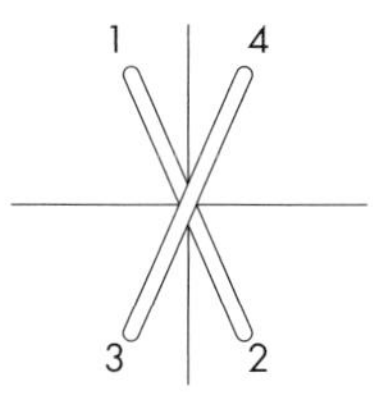

Point carré (à gauche)
A (du centre vers l'extérieur)
Coloris I : 5 tours roses, 1 tour ocre, 3 tours bleu clair pâle
Coloris II : 5 tours corail, 1 tour ocre, 3 tours bleu-vert cendré
B (du centre vers l'extérieur)
Coloris I : 5 tours vert-jaune pâle, 1 tour ocre, 3 tours rose pâle
Coloris II : 5 tours vert pâle cendré, 1 tour rose pâle, 3 tours roses

Point de pin (à droite)
A : coloris I = bleu clair pâle, coloris II = bleu-vert cendré
B : coloris I = rose pâle, coloris II = rose

Modèle traditionnel

Envol de pétales

page 11

Circonférence : 20 cm, 16 cm
Division en 8 combinée
+ lignes auxiliaires

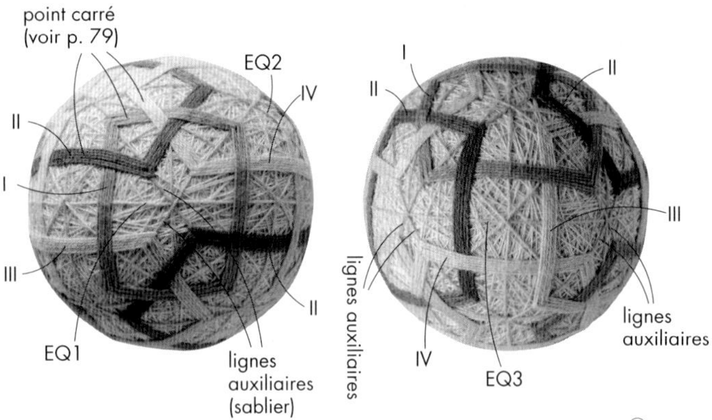

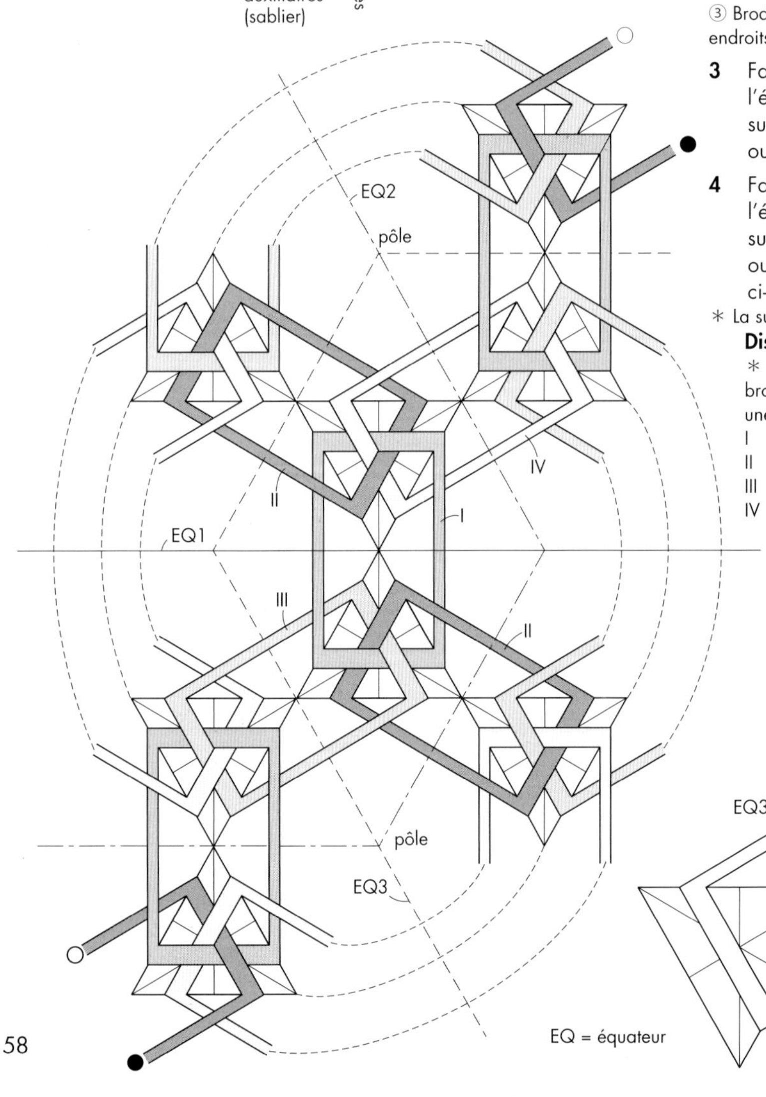

Fournitures

Boule de base

Fil à recouvrir
A-1 : jaune pâle (02), A-2 : rose pâle (31)
Fil de division
A-1, A-2 : 2 coloris assortis au fil à recouvrir
Balle de riz
A-1 : 24 g, A-2 : 12 g

Broderie

Coton à broder n° 25
A-1 : rouge orangé (50), corail (40), rose pâle cendré (32), orange pâle (37)
A-2 : rouge (43), orange pâle (37), rose (38), jaune pâle (44)
* Broder avec 1 fil (6 brins), sauf indication contraire.

Réalisation

1 Préparer la boule de base, puis réaliser la division en 8 combinée avec 3 brins. Ajouter les lignes auxiliaires avec 3 brins de couleur différente.

2 Broder 4 rectangles de 4 couleurs différentes sur l'équateur 1.

① Repérer la forme du sablier (2 triangles joints par leur pointe) formé avec des lignes auxiliaires.
② Commencer à broder le rectangle à partir du croisement des lignes de division d'un triangle et passer par le croisement des lignes de division de l'autre triangle pour revenir au début. Broder 3 tours en tout.
③ Broder 3 autres rectangles de couleurs différentes sur les 3 autres endroits de l'équateur.

3 Faire pivoter la boule et repérer les sabliers sur l'équateur 2. Broder 4 rectangles de 4 couleurs différentes sur l'équateur 2 en suivant l'étape **2**. Passer le fil sur ou sous le 1er rectangle en suivant le schéma ci-dessous.

4 Faire pivoter la boule et repérer les sabliers sur l'équateur 3. Broder 4 rectangles de 4 couleurs différentes sur l'équateur 3 en suivant l'étape **2**. Passer le fil sur ou sous les rectangles précédents en suivant le schéma ci-dessous.

* La superposition du fil sera inversée sur l'autre bord du rectangle.

Disposition

* L'épaisseur des 4 bords du rectangle est identique sur la boule brodée. Elle est volontairement différenciée sur le schéma pour une meilleure compréhension.

I A-1 : corail, A-2 : rouge
II A-1 : rouge orangé, A-2 : orange pâle
III A-1 : rose pâle cendré, A-2 : jaune pâle
IV A-1 : orange pâle, A-2 : rose

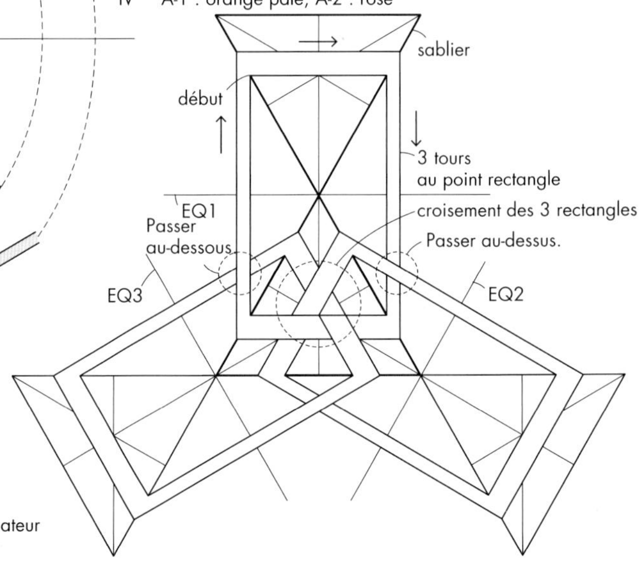

Modèle traditionnel

Circonférence : 20 cm, 16 cm
Division en 8 combinée

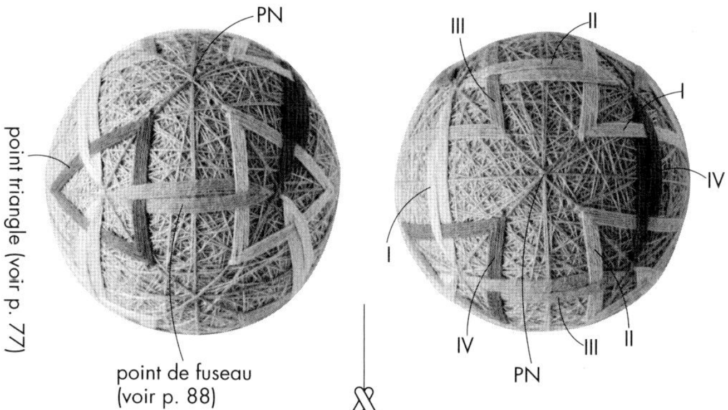

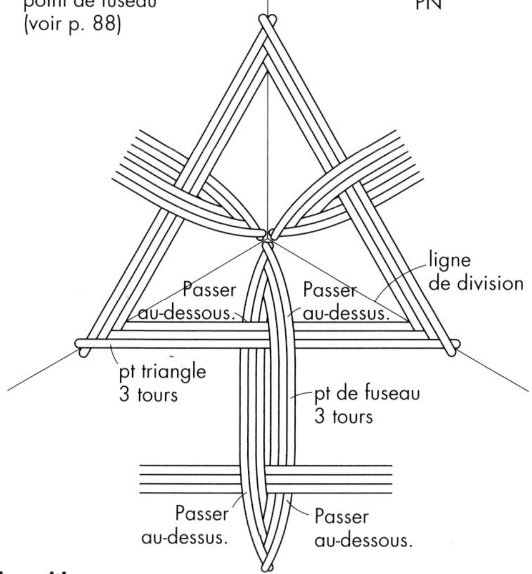

Fournitures

Boule de base

Fil à recouvrir

B-1 : bleu clair (17), B-2 : bleu clair pâle (16)

Fil de division

B-1, B-2 : coloris assorti au fil à recouvrir

Balle de riz

B-1 : 24 g, B-2 : 12 g

Broderie

Coton à broder n° 25

B-1 : rouge orangé (50), corail (41), rose pâle cendré (32), orange pâle (37)

B-2 : rouge (43), blanc (63), bleu clair (17), rose (38)

* Broder avec 1 fil (6 brins), sauf indication contraire.

Réalisation

1 Préparer la boule de base, puis réaliser la division en 8 combinée.

2 Broder les triangles dans les 8 grands triangles formés avec les lignes de division.

① Piquer les épingles au milieu des lignes de division entre le centre et la pointe du grand triangle.

② Broder 3 tours de triangles en passant par chaque épingle. Broder 4 triangles de 4 couleurs différentes vers le pôle nord et 4 triangles de 4 couleurs différentes vers le pôle sud (8 triangles en tout).

3 Broder des navettes en reliant 2 triangles voisins.

① Commencer par broder à partir du centre du triangle. Passer le fil sur le bord du 1er triangle, puis sous le bord du 2e triangle. Broder jusqu'au centre du 2e triangle.

② Broder l'autre bord de la navette en passant sur le bord du 2e triangle, puis sous le bord du 1er triangle. Broder jusqu'au centre du 1er triangle. Broder 3 tours.

* Veiller à ne pas superposer la même couleur. Broder 4 navettes vers le pôle nord, 4 navettes sur l'équateur et 4 navettes vers le pôle sud (12 navettes en tout, 3 triangles de même couleur x 4).

* Attention au passage du fil pour la navette.

I B-1 : orange pâle, B-2 : blanc
II B-1 : rose pâle cendré, B-2 : rose pâle
III B-1 : corail, B-2 : bleu clair
IV B-1 : rouge orangé, B-2 : rouge

Disposition

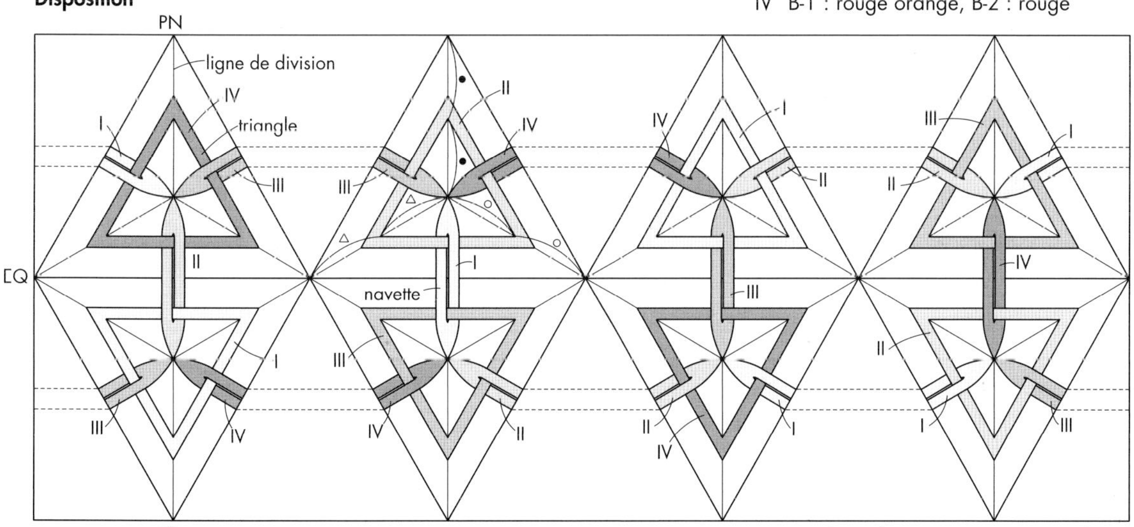

PN = pôle nord, EQ = équateur, PS = pôle sud

Modèle traditionnel

Papillon d'été

page 14

Circonférence : 20 cm
Division simple en 16

Fournitures

Boule de base

Fil à recouvrir : bleu-violet (19)
Fil de division : bleu-violet, blanc
Balle de riz : 24 g

Broderie

Coton à broder n° 25 : bleu clair (17), bleu-violet (19), violet foncé (28), blanc (63)
* Broder avec 1 fil (6 brins).

Réalisation

1 Préparer la boule de base, puis réaliser la division simple en 8 avec le fil blanc. Diviser chaque partie en 2 avec le fil bleu-violet pour obtenir la division simple en 16.

2 Piquer les épingles sur les lignes de division bleu-violet, au milieu entre le pôle nord et l'équateur, et au milieu entre le pôle sud et l'équateur (16 épingles en tout).

3 Broder les losanges I.

① Piquer 1 épingle sur 1 ligne de division bleu-violet pour le repère du début.
② Commencer par broder à partir du repère du début. Passer le fil blanc autour des 4 épingles pour broder 2 tours du losange I.
③ Broder 2 tours des 3 autres losanges I.

4 Broder 2 tours des losanges II en les faisant chevaucher les losanges I.

① Commencer à gauche du repère du début. Broder 2 tours (violet, bleu-violet) du losange II.
② Broder 2 tours des 3 autres losanges II.

5 Répéter les étapes **3** et **4** pour broder les 8 tours des losanges I et II et former 8 losanges en tout sur l'équateur.

* Broder les 7e et 8e tours des losanges I avec le fil bleu clair.

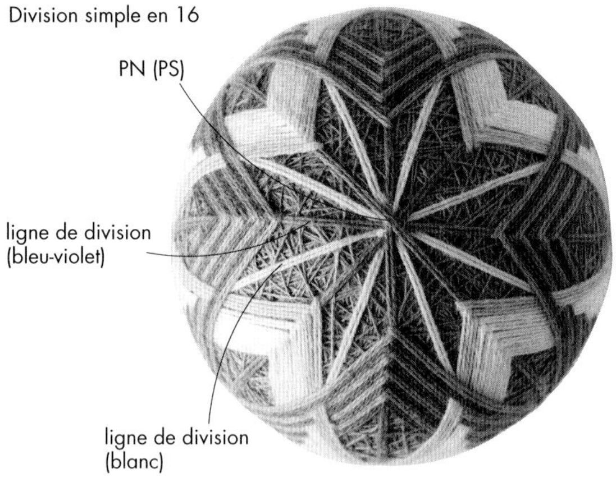

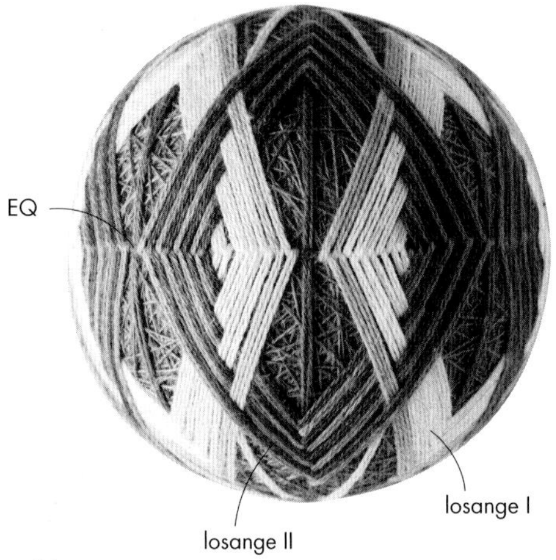

Disposition

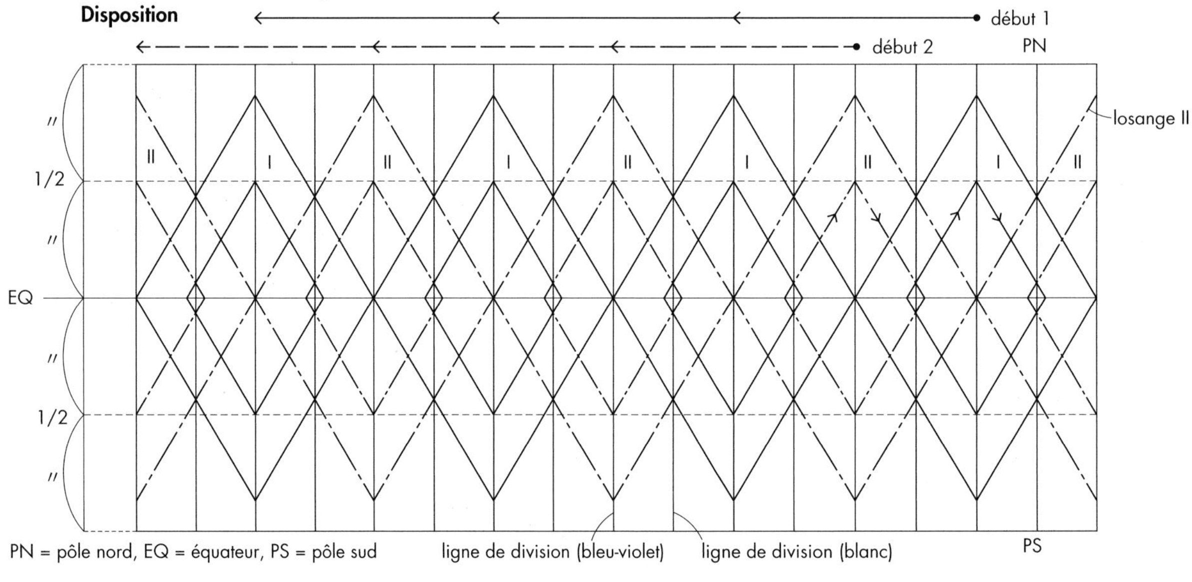

1, 2

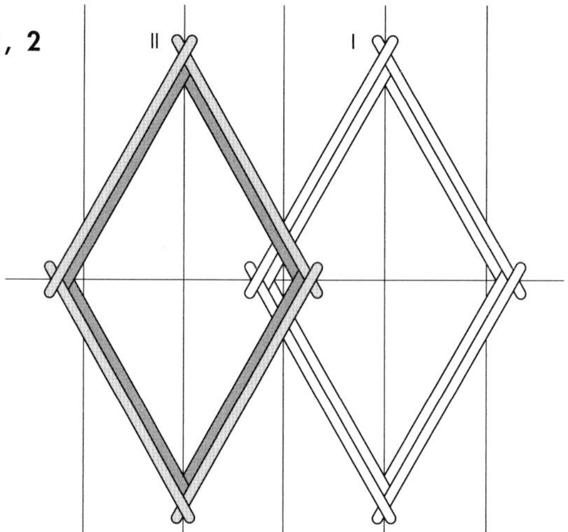

3

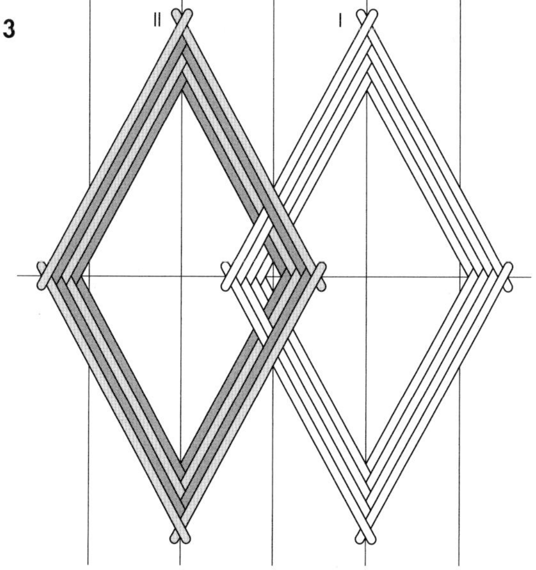

4

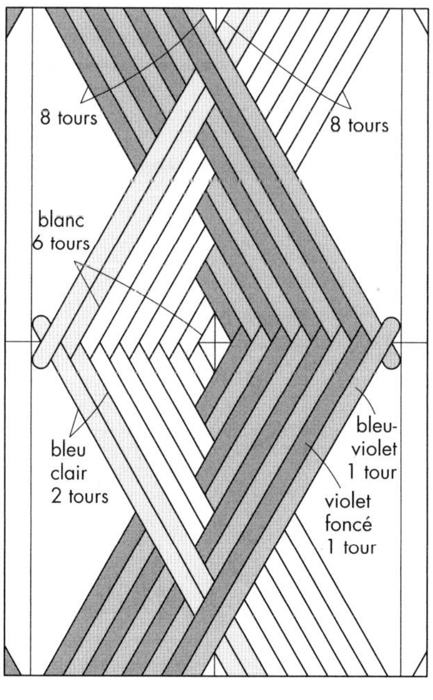

En brodant alternativement 2 tours du losange I et 2 tours du losange II, un petit losange se forme entre les 2 losanges.

Réalisation des losanges

1. Broder 2 tours des 4 losanges I avec le fil blanc.
2. Broder 1 tour violet foncé et 1 tour bleu-violet des 4 losanges II à gauche des losanges I.
3. Répéter 2 fois les losanges I et II. Un petit losange se forme entre les losanges I et II.
4. Continuer à broder de la même manière pour broder les 8 tours des losanges.

Point losange

1

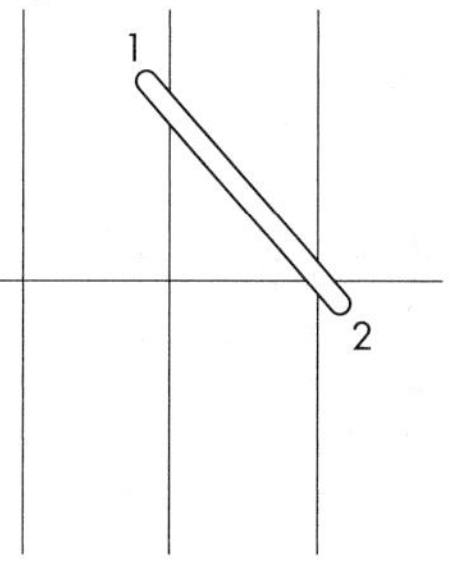

2

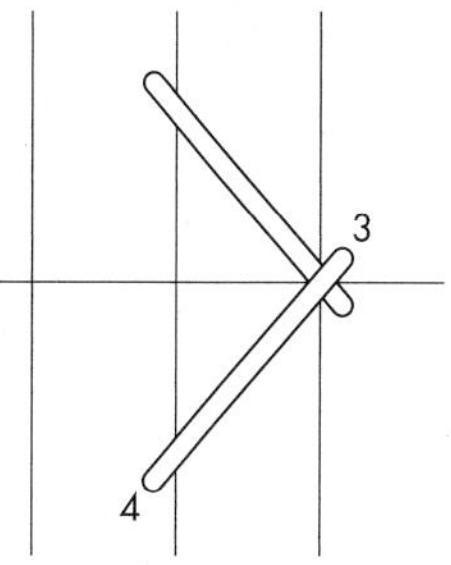

3

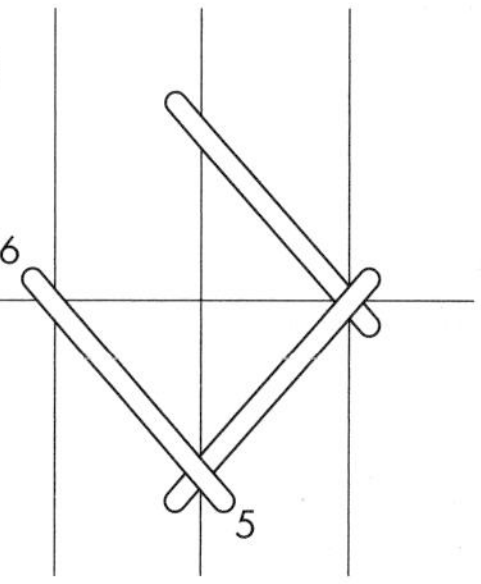

4

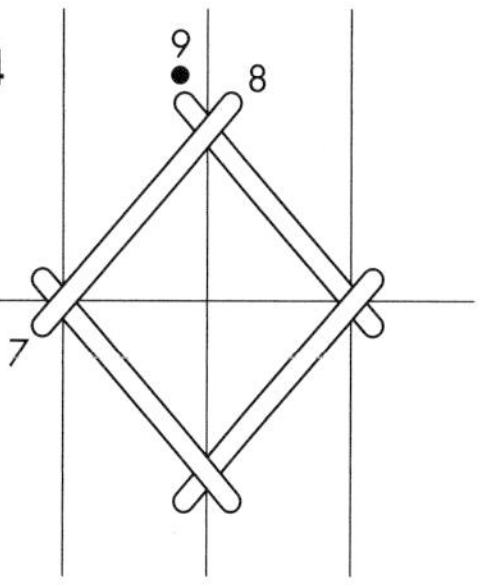

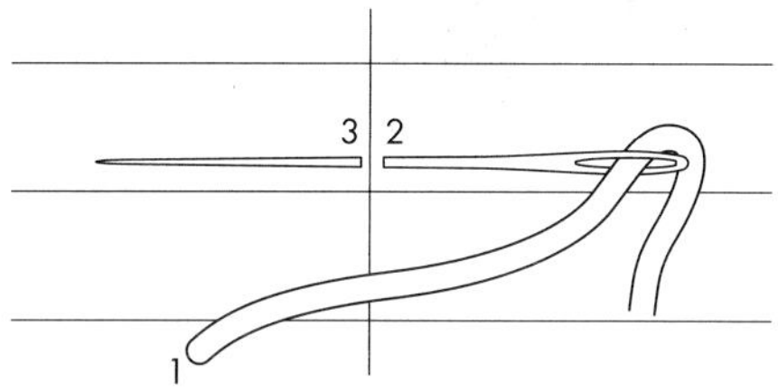

Disposer la face à broder vers soi et piquer l'aiguille toujours perpendiculairement à la ligne de division.

1. Sortir l'aiguille en 1. Faire pivoter la boule de 90°, puis piquer l'aiguille en 2.
2. Prendre la ligne de division et sortir l'aiguille en 3. Faire pivoter la boule de 90°, puis piquer l'aiguille en 4.
3. Prendre la ligne de division et sortir l'aiguille en 5. Faire pivoter la boule de 90°, puis piquer l'aiguille en 6.
4. Prendre la ligne de division et sortir l'aiguille en 7. Faire pivoter la boule de 90°, puis piquer l'aiguille en 8. Pour broder le 2e tour, sortir l'aiguille en 9, par le haut du 1er point (●).

Modèle traditionnel

Œillets d'Inde

page 15

Circonférence : 22 cm
Division en 8 combinée
+ lignes auxiliaires

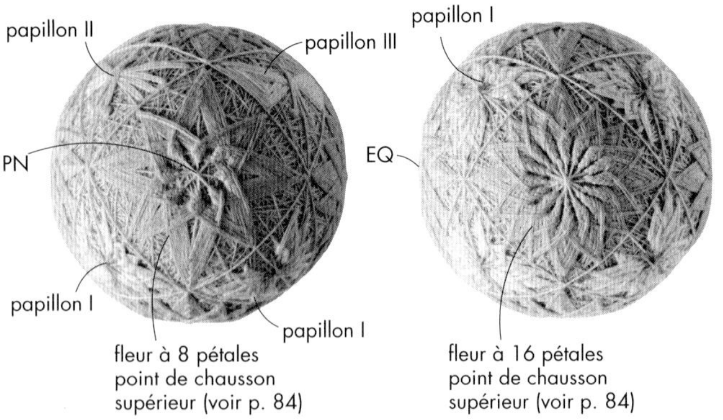

Papillon I

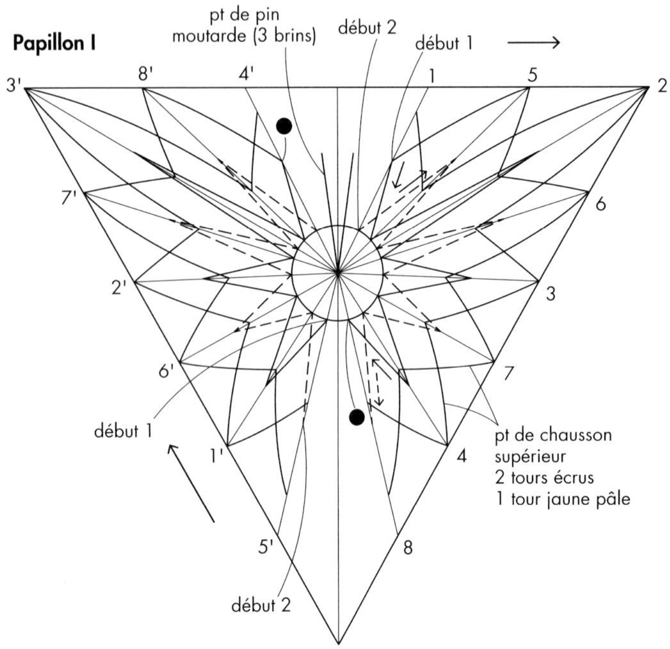

Lignes auxiliaires et épingles du papillon I

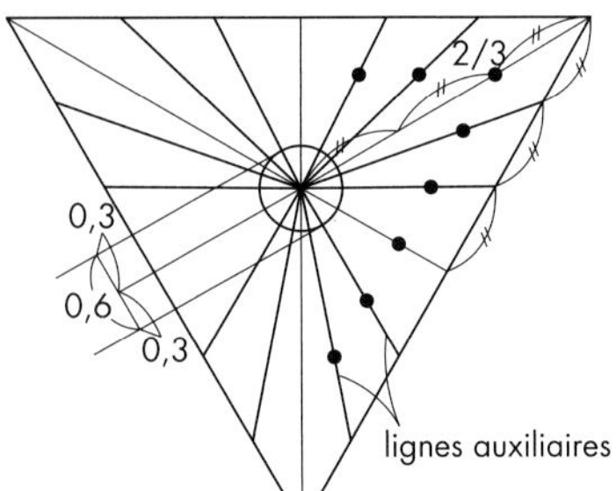

Lignes auxiliaires et épingles

Fleur à 8 pétales

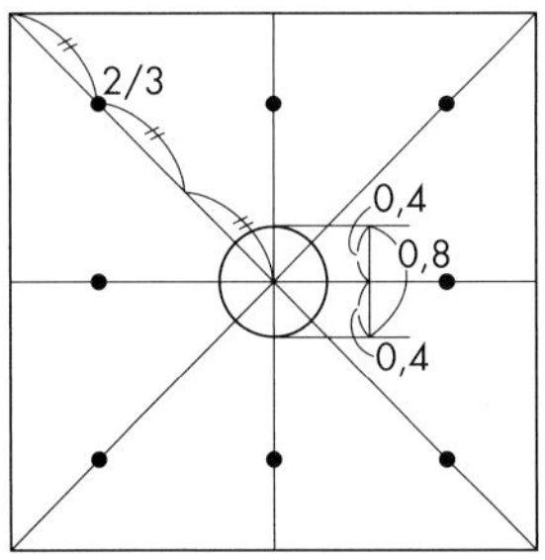

Fleur à 8 pétales

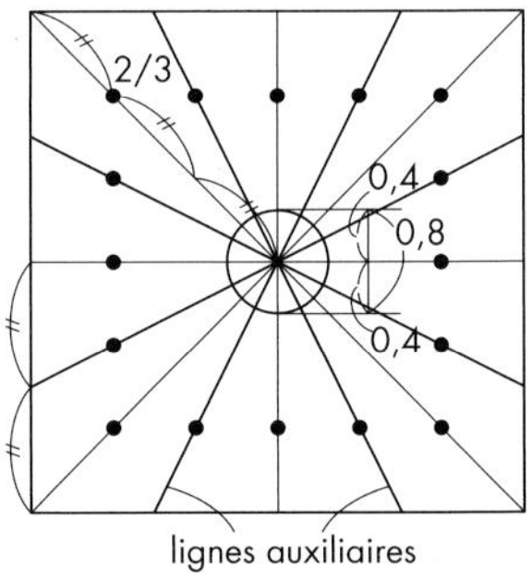

Fournitures

Boule de base

Fil à recouvrir : jaune clair (45)
Fil de division, fil auxiliaire : coloris assorti au fil à recouvrir
Balle de riz : 34 g

Broderie

Coton à broder n° 25
Fleur : jaune pâle (03), jaune (04)
Papillon : écru (01), crème (02), moutarde (48), bleu pâle (16)
* Broder avec 1 fil (6 brins), sauf indication contraire.
* L'unité de mesure est le centimètre.

Réalisation

1 Préparer la boule de base, puis réaliser la division en 8 combinée avec 3 brins. Ajouter les lignes auxiliaires avec 3 brins.

2 Broder 2 sortes de fleurs dans 6 carrés formés avec les lignes de division.

① Fixer le milieu du ruban en papier de 0,8 cm de long sur le pôle nord.
② Piquer les épingles à 2/3 entre le pôle nord et l'angle du carré.
③ Broder la fleur à 8 pétales au point de chausson supérieur.
④ Ajouter 8 lignes auxiliaires, avec le même fil que la ligne de division, dans les 4 carrés de l'équateur et le carré du pôle sud (5 carrés en tout) pour diviser en 16.
⑤ Broder la fleur à 16 pétales dans chaque carré de l'étape ④ en suivant les étapes ① à ③.
* Ce motif est appelé chrysanthème.

3 Broder les papillons I dans 4 triangles formés avec les lignes de division.

① Ajouter 12 lignes auxiliaires avec 3 brins moutarde dans un triangle pour le diviser en 18.
② Fixer le milieu du ruban en papier de 0,6 cm de long sur le centre du triangle. Piquer les épingles à 2/3 entre le pôle et le bord du triangle.
③ Broder les 3 rangs de l'aile au point de chausson supérieur sur le côté droit du triangle.
④ Broder l'autre aile sur le côté gauche du triangle en suivant l'étape ③.
⑤ Broder un point de pin avec 3 brins moutarde au croisement des 2 ailes. Broder les antennes en V.
⑥ Broder le papillon dans les 3 autres triangles en suivant les étapes ② à ⑤.

4 Broder les papillons dans 4 triangles : les papillons II et III dans les 2 triangles vers le pôle nord et les papillons IV et V dans les 2 triangles vers le pôle sud.

Commencer à broder au point de chausson supérieur à partir du début 1, dans le sens des aiguilles d'une montre, jusqu'à la ligne de division 8 (●). Sortir l'aiguille en début 2 sur la ligne de division 1, puis broder jusqu'à la ligne de division 8. Broder la moitié gauche de la même manière.

Fleur à 8 pétales

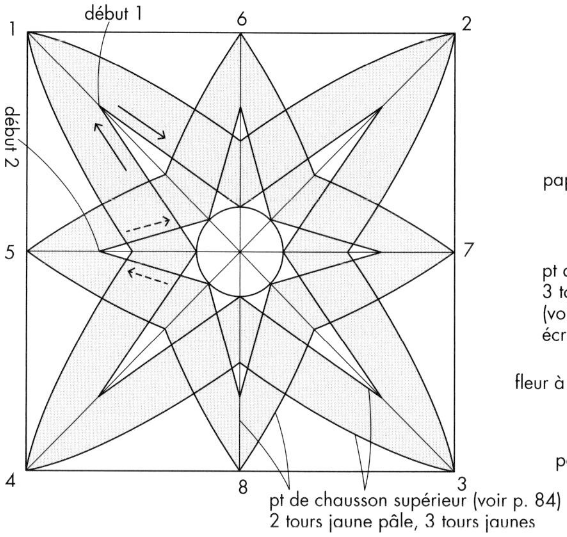

Disposition de la fleur et des papillons

* Broder 4 fleurs à 16 pétales sur les 4 carrés de l'équateur.

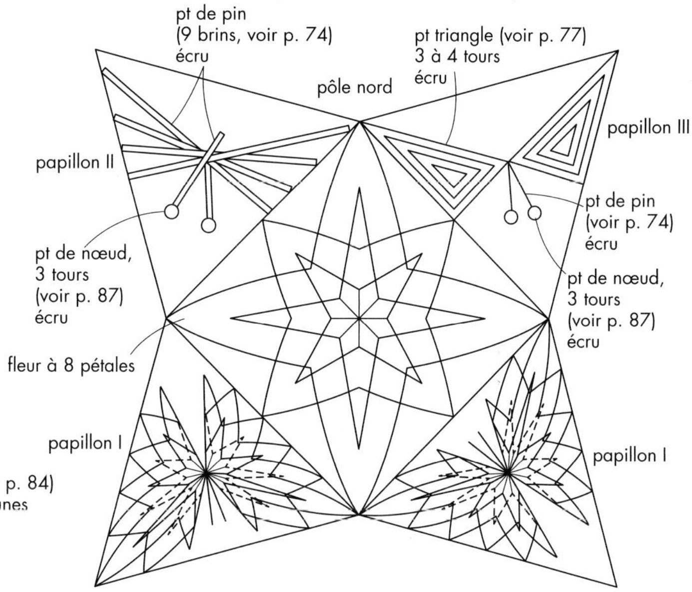

Fleur à 16 pétales

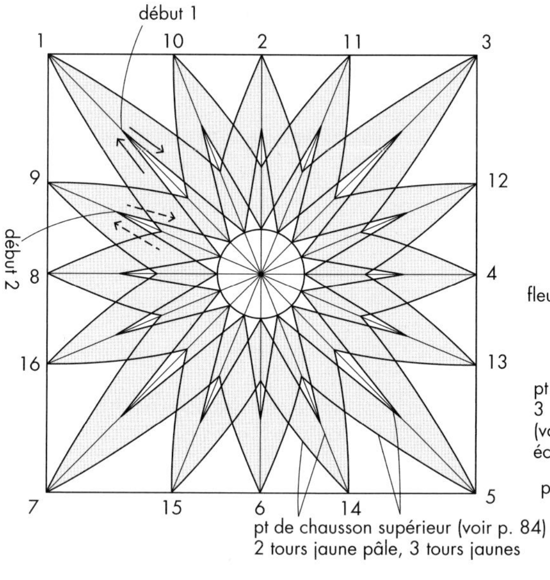

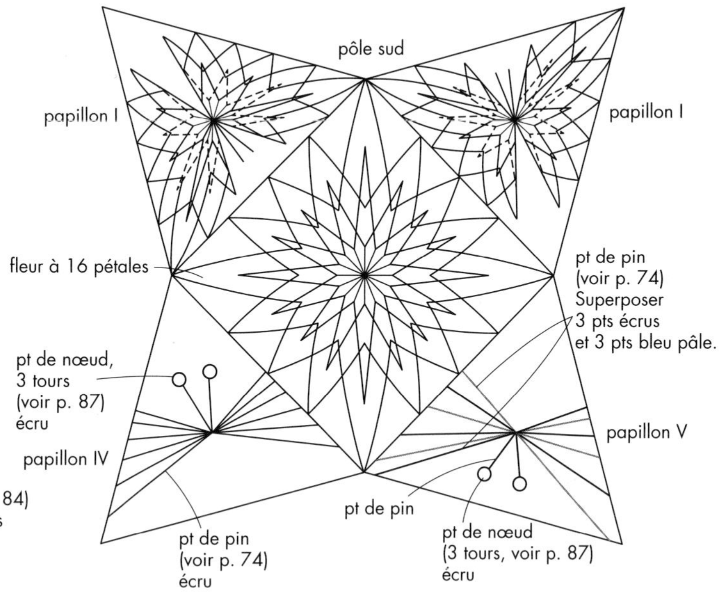

Point de rose

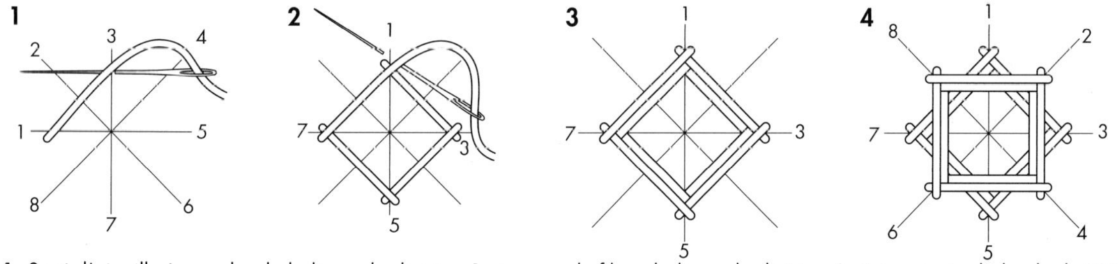

1. Sortir l'aiguille à gauche de la ligne de division 1 et passer le fil sur la ligne de division 3. Faire pivoter la boule de 90°, puis prendre la ligne de division 3 de droite à gauche.
2. Passer le fil sur les lignes de division 5 et 7 comme à l'étape **1** pour revenir au début. Sortir l'aiguille en haut du 1er point (1er tour).
3. Broder le 2e tour en suivant les étapes **1** et **2**.
4. Broder en prenant les lignes de division 2, 4, 6 et 8 comme aux étapes **1** à **3**. Broder 2 tours. Répéter les étapes **1** à **4** pour broder le nombre de tours nécessaire.

* Pour le modèle p. 64, changer de couleur tous les 2 tours.

Modèle traditionnel

Circonférence : 20 cm
Division en 8 combinée

Belle au bois dormant

page 16

Fournitures

Boule de base

Fil à recouvrir : rose foncé (29)
Fil de division, fil auxiliaire : coloris assorti au fil à recouvrir
Balle de riz : 24 g

Broderie

Coton à broder n° 25 : brun-rouge pâle (51), rose pâle (32), rose cendré (52), kaki (11)
* Broder avec 1 fil (6 brins).

Réalisation

1 Préparer la boule de base, puis réaliser la division en 8 combinée.

2 Broder le cœur de la rose au centre d'un carré (6 carrés en tout). Broder les 2 premiers tours avec le fil rose pâle. Faire pivoter la boule de 90°, puis broder les 2 tours suivants avec le fil kaki. Répéter 3 fois (12 tours en tout).

3 Broder 3 pétales en forme de navette autour du cœur. Changer de couleur pour chaque pétale.

① Ajouter 3 lignes auxiliaires dans le carré.
② Broder les 2 pétales latéraux entre le milieu du bord haut et l'angle du carré. Broder le pétale du bas entre les lignes de division de chaque côté. Broder 7 tours et changer de couleur pour chaque pétale.
③ Broder les pétales dans les 5 autres carrés. Veiller à ne pas disposer la même couleur côte à côte.
* Disposer la pointe des lignes auxiliaires du carré de l'équateur (★) sur l'équateur. Disposer celles des carrés du pôle sud comme au pôle nord.

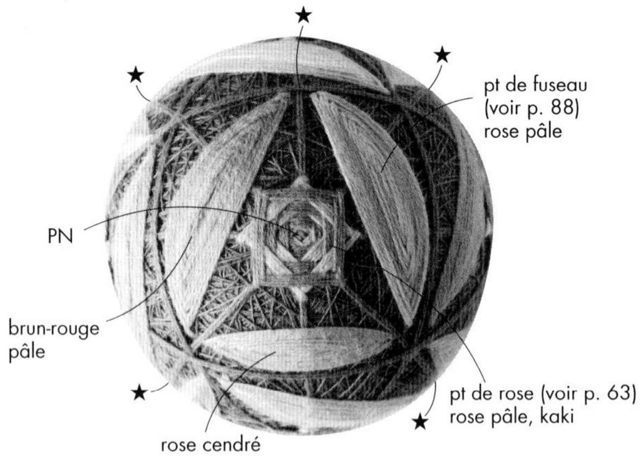

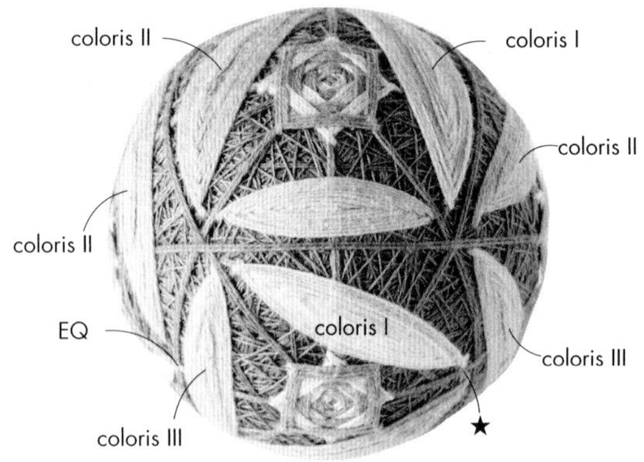

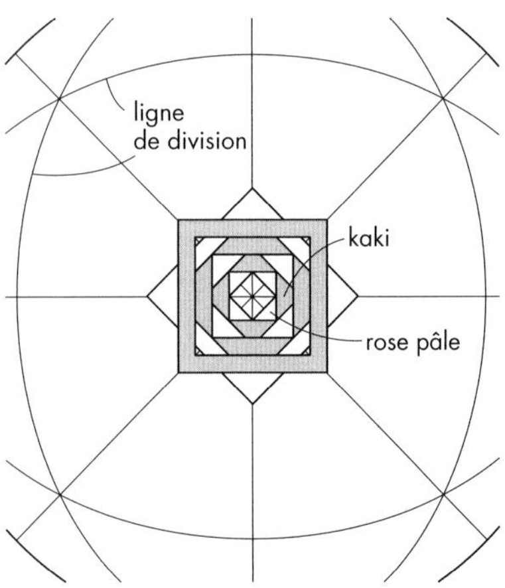

1. Broder au point de rose sur le croisement des lignes de division en changeant de couleurs tous les 2 tours.

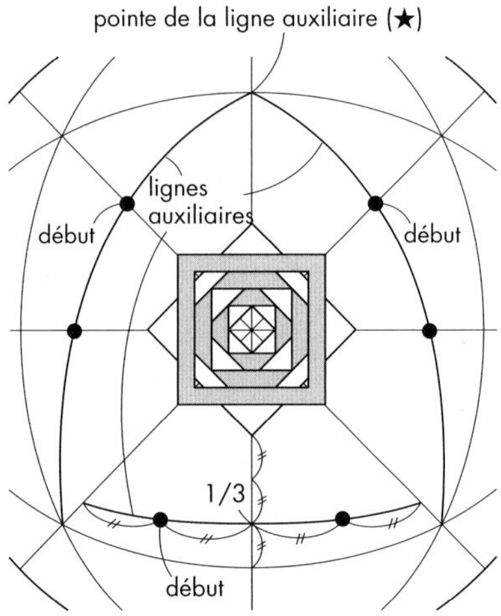

2. Ajouter 3 lignes auxiliaires. Épingler au début et aux points indiqués (●) ci-dessus.

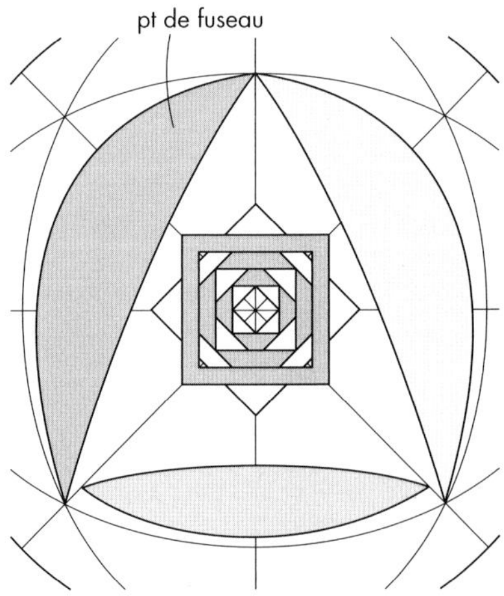

3. Broder 3 navettes (environ 7 tours) de couleurs différentes.

Modèle brodé

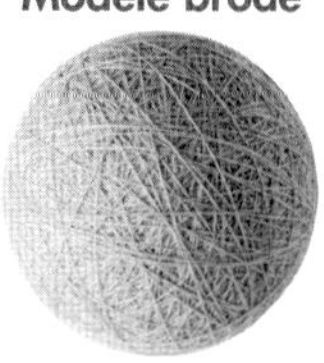

Circonférence : 20 cm
Aucune division

Hochet pour bébé

page 17

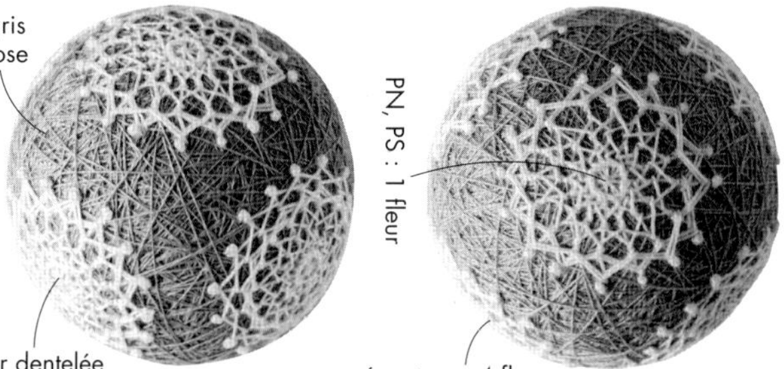

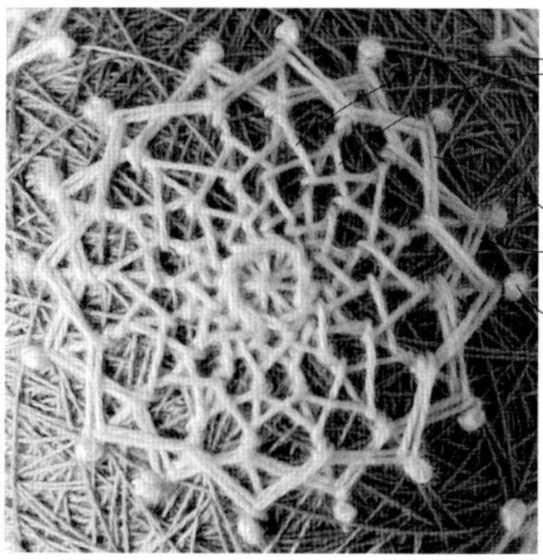

3e tour : pt de chausson supérieur (voir p. 84)
4e tour : 2 tours à partir du début 1 ★
2 tours à partir du début 2 ☆
5e tour : pt de nœud, 3 tours (voir p. 87)

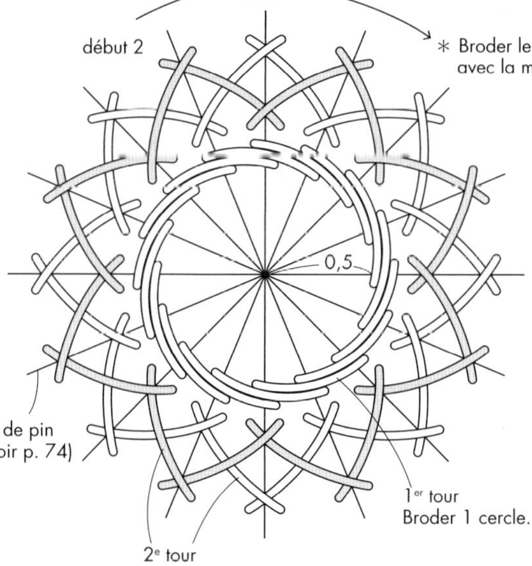

Fournitures

Boule de base

Fil à recouvrir
A : gris (65), B : rose (62)
Balle de riz : 24 g pour chaque modèle

Broderie

Coton à broder n° 25
A, B : blanc (63)
* Broder avec 3 brins.
* L'unité de mesure est le centimètre.
1 grelot en plastique pour chaque modèle

Réalisation

* L'indication entre parenthèses correspond au modèle B.

1 Insérer le grelot en plastique dans la balle de riz et préparer la boule de base.

2 Photocopier le guide divisé en 16 (en 20) ci-dessous, puis l'épingler sur la boule de base.

3 Piquer 16 (20) épingles en suivant le guide. Préparer les épingles de 2 couleurs différentes et alterner les couleurs.

4 Piquer 1 épingle de couleur différente pour déterminer le début. Enlever le guide.

5 Broder.

① Broder au point de pin en se référant aux épingles. Ces points servent de lignes de division. Enlever les épingles, sauf celle du début.
② Broder 1 cercle à 0,5 cm du centre (1er tour).
③ Broder le 2e tour au point de chausson.
④ Broder le 3e tour au point de chausson supérieur.
⑤ Au 4e tour, broder 2 tours à partir du début 1 ★, puis 2 tours à partir du début 2 ☆.
⑥ Broder 1 point de nœud (3 tours) à chaque pointe extérieure.
* Broder 1 motif au pôle nord, 1 motif au pôle sud et 4 motifs sur l'équateur (6 motifs en tout).

Guide
divisé en 16 (ø 3,5 cm) A

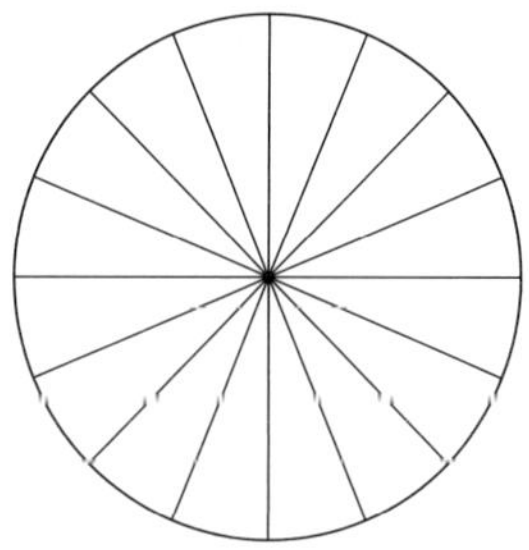

divisé en 20 (ø 3,5 cm) B

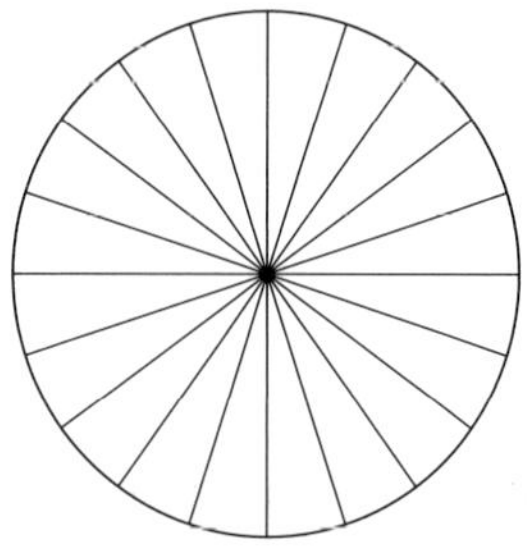

Modèle traditionnel

Circonférence : 20 cm
Division en 8 combinée

Échinacée

page 18

Fournitures

Boule de base

Fil à recouvrir : rouge orangé (43)
Fil de division : coloris assorti au fil à recouvrir
Balle de riz : 24 g

Broderie

Coton à broder n° 25 : violet (27), rouge-violet (34), violet cendré (36), brun-rouge pâle (51), jaune (49), vert-jaune (09), bleu-vert (14), vert foncé (15), vert pâle cendré (13), bleu foncé (23)

* Broder avec 1 fil (6 brins), sauf indication contraire.
* L'unité de mesure est le centimètre.

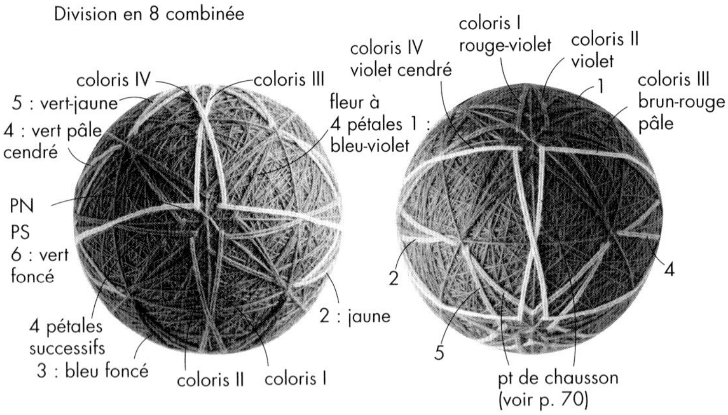

Réalisation

1 Préparer la boule de base, puis réaliser la division en 8 combinée.

2 Broder 1 fleur à 4 pétales de couleurs différentes dans 6 carrés.

① Piquer le milieu du ruban en papier de 1 cm de long au pôle nord.
② Broder la fleur au point de chausson. Disposer la pointe des pétales aux angles du carré et le creux des pétales au ras du ruban en papier.
③ Broder 4 fleurs sur l'équateur et 1 fleur au pôle sud de la même manière.

3 Broder les 4 pétales successifs avec 4 fils de couleurs différentes sur les 6 fleurs.

① Commencer à 0,5 cm du pôle nord avec le fil de couleur I. Broder au point de chausson sur les 6 fleurs en faisant pivoter la boule.
② Changer le point du début, puis broder de la même manière qu'à l'étape ① avec les fils de couleurs II, III et IV. Les 4 pétales de couleurs différentes sont brodés sur les 6 fleurs à 4 pétales.

Fleur à 4 pétales

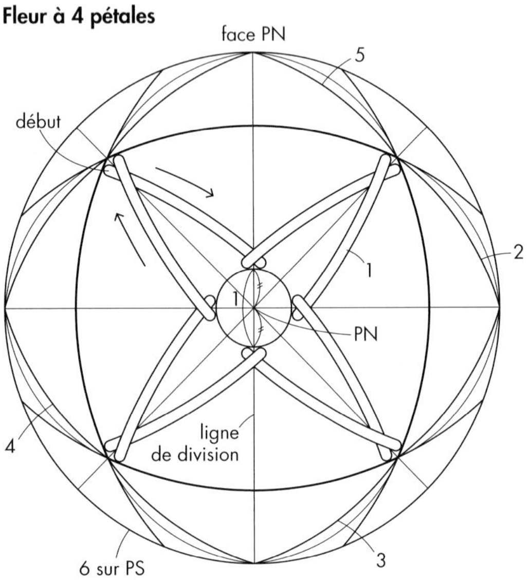

1. Sortir l'aiguille à gauche de la ligne de division et broder au point de chausson (coloris I).
2. Faire pivoter la boule de 90° et passer le fil sur la fleur à droite. Faire un petit point sur la boule de base.
3. Passer le fil en faisant pivoter la boule et broder comme à l'étape **2** pour revenir au début.
4. Broder de la même manière que le coloris I avec les 3 autres fils.

4 pétales successifs

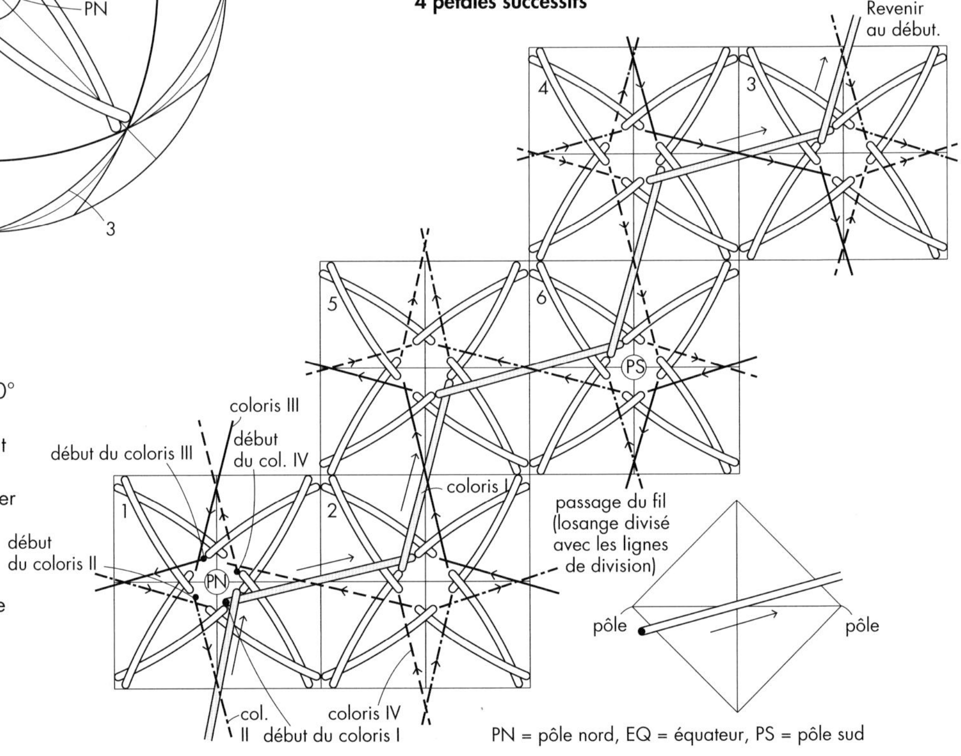

PN = pôle nord, EQ = équateur, PS = pôle sud

Modèle traditionnel

Circonférence : 20 cm
Division simple en 6

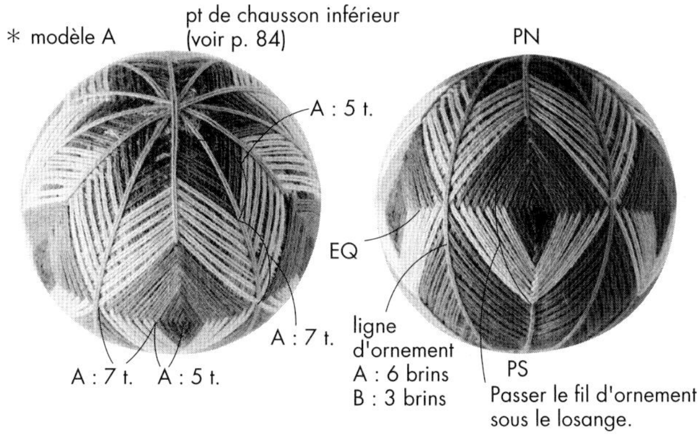

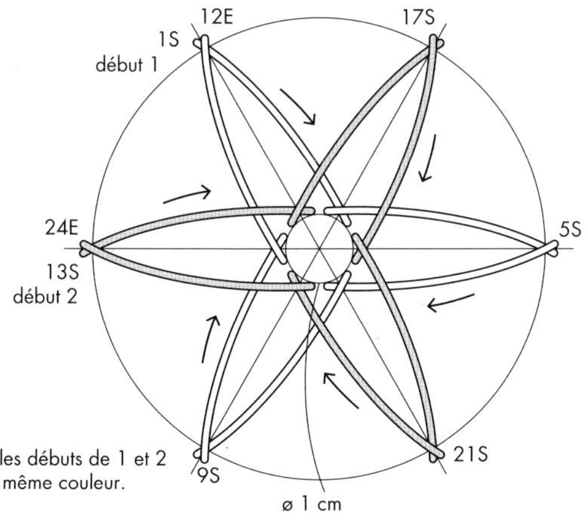

* Broder les débuts de 1 et 2 avec la même couleur.

Bois de cèdre

page 19

Fournitures

Boule de base

Fil à recouvrir

A : gris (64), B : beige (58)

Fil de division

A, B : coloris assorti au fil à recouvrir

Fil d'ornement

A : ocre (61), B : vert foncé (15)

Balle de riz : 24 g pour chaque modèle

Broderie

Coton à broder n° 25

A : marron (50), brun-rouge (29), bleu-vert (21), vert pâle cendré (13)

B : vert pâle cendré (13), ocre (61)

* Broder avec 1 fil (6 brins), sauf indication contraire.
* L'unité de mesure est le centimètre.

Réalisation

* L'indication entre parenthèses correspond au modèle A.

1 Préparer la boule de base, puis réaliser la division simple en 6.

2 Fixer le milieu du ruban en papier de 1 cm de long au pôle sud.

3 Broder le 1er tour au point de chausson inférieur vers le pôle sud.

① Broder à partir de l'équateur dans l'ordre 1 à 7 indiqué ci-dessous.

② Broder ensuite à partir de la ligne de division à gauche, dans l'ordre 8 à 14. Le 1er tour est terminé. Vue du pôle sud, 2 fleurs à 3 pétales sont superposées.

4 Broder 1 tour au point de chausson inférieur vers le pôle nord. Faire pivoter la boule de 180°, puis broder 2 tours dans l'ordre A à G, puis H à N comme à l'étape **3**.

5 Répéter alternativement les étapes **3** et **4** pour broder 9 tours jusqu'à ce que chaque partie du pôle se croise sur l'équateur. (Changer de couleur au 5e tour pour le modèle A et continuer à broder 7 tours avec un autre fil.) Les fils de 2 couleurs différentes se croisent sur l'équateur et forment 6 losanges.

6 Passer 12 fois le fil d'ornement (3 brins pour le modèle B, 6 brins pour le modèle A) entre le pôle nord et le pôle sud de la même manière que la réalisation de la division. Passer le fil sous les losanges de l'équateur.

Disposition

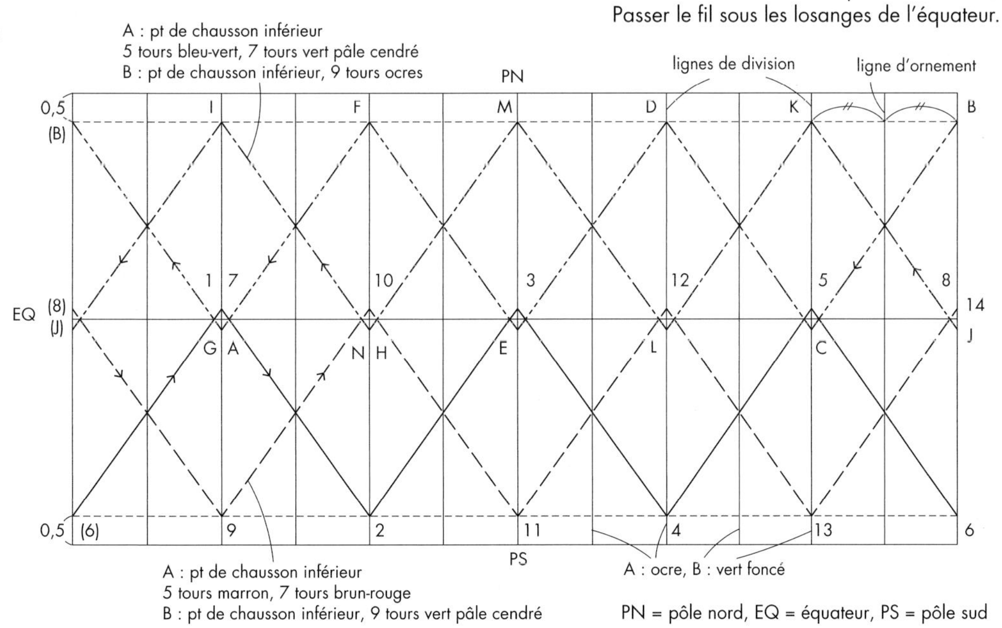

PN = pôle nord, EQ = équateur, PS = pôle sud

Modèle traditionnel

Circonférence : 16 cm
Division simple en 20

Feuilles d'automne

page 24

Fournitures

Boule de base

Fil à recouvrir
A : jaune (49), B : marron doré pâle (59), C : brun-rouge pâle (52), D : marron foncé (69), E : brun-rouge (55), F : marron (54), G : beige (58), H : marron dégradé (62)
Fil de division : coloris de son choix (ce fil sera enlevé à la fin.)
Balle de riz : 12 g pour chaque modèle

Broderie

Coton à broder n° 25
A, G : vert-jaune (09), kaki pâle (11), B : kaki (67), C, E : jaune (47), beige (57), D : marron (54), F : brun-rouge pâle (51), H : brun-rouge (55)
* Broder avec 1 fil (6 brins), sauf indication contraire.

Réalisation (voir p. 88.)

1 Préparer la boule de base, puis réaliser la division simple en 20 avec 3 brins.

2 Broder 1 navette toutes les 2 lignes de division (10 navettes en tout).

① Épingler à 1/4 entre le pôle et l'équateur.
② Enfiler le fil de couleur indiquée. Broder 4 tours de navette autour des épingles.
③ Broder les autres navettes en suivant l'étape ②.
* Alterner les couleurs pour le modèle bicolore.

3 Enlever les fils de division.

Point de fuseau

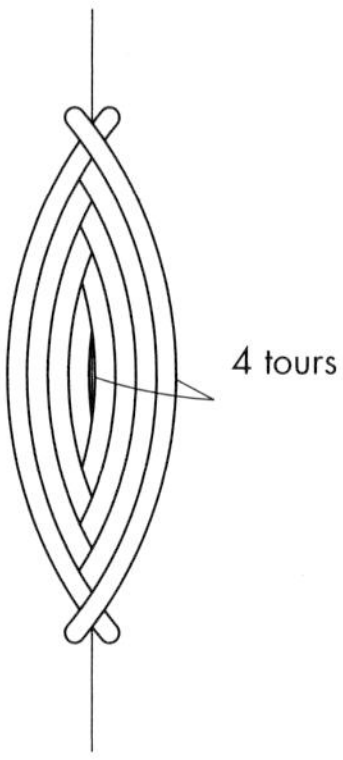

Disposition

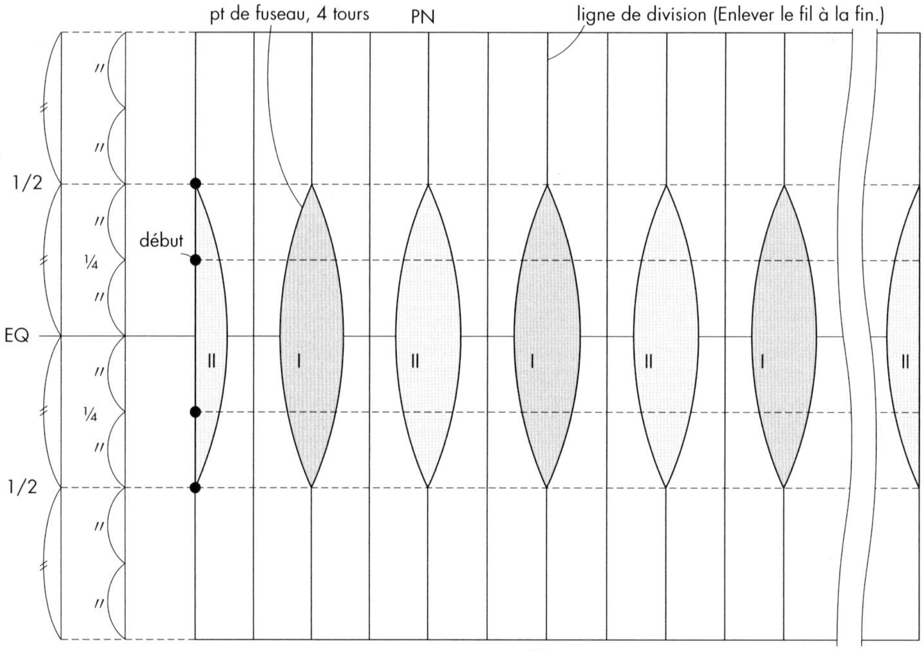

PN = pôle nord, EQ = équateur, PS = pôle sud

Modèle traditionnel

Circonférence : 24 cm
Division en 8 combinée

Papillons

page 25

Fournitures

Boule de base

Fil à recouvrir : bleu foncé (14)
Fil de division : coloris assorti au fil à recouvrir
Balle de riz : 42 g

Broderie

Coton à broder n° 25 : violet (35), jaune (03), orange (05), vert foncé (22)
* Broder avec 1 fil (6 brins).
Poignée : fil Diamant DMC D168

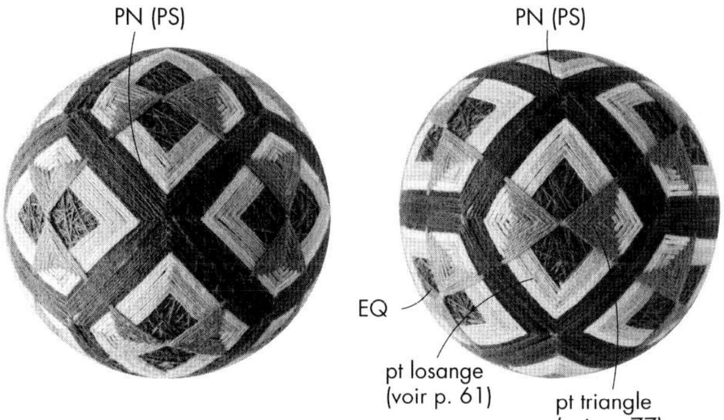

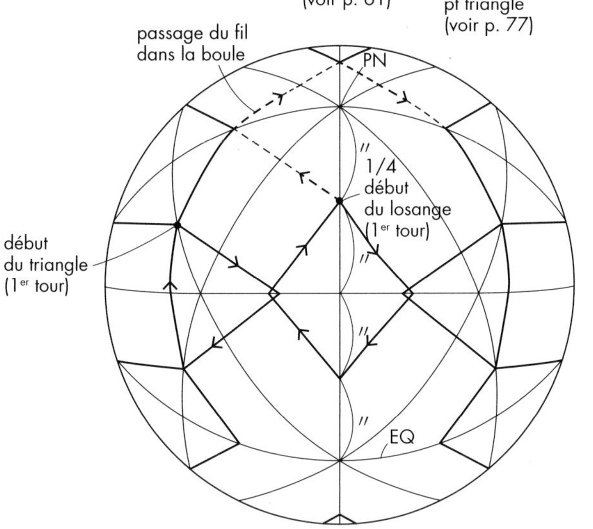

Réalisation

1 Préparer la boule de base, puis réaliser la division en 8 combinée.

2 Broder 1 tour des 12 losanges.
* Il y a 4 losanges vers le pôle nord, 4 losanges vers le pôle sud et 4 losanges sur l'équateur.
① Repérer le losange formé avec les lignes de division. Piquer les épingles à 1/4 de la ligne verticale reliant le pôle nord et le pôle sud.
② Broder 1 tour de losange à partir du début, dans le sens des aiguilles d'une montre. Déterminer les angles latéraux en veillant à obtenir la ligne de losange parallèle à la ligne de division.
③ Faire pivoter la boule de 90° dans le sens inverse des aiguilles d'une montre, puis broder 1 tour de losange dans l'espace à gauche en suivant les étapes ① et ②. Broder 1 tour des 2 autres losanges du pôle nord.
④ Broder 1 tour des 4 losanges du pôle sud et des 4 losanges de l'équateur en suivant les étapes ① à ③.

3 Broder 1 tour au point triangle aux angles du triangle formé avec les lignes de division. Superposer le point sur les losanges de l'étape **2**.

4 Répéter 7 fois les étapes **2** et **3** en alternant 1 tour de losanges et 1 tour de triangles.

5 Répéter 3 fois l'étape **2** (10 tours en tout pour les losanges).

6 Enlever 3 fils de division de la partie visible sur la boule de base.

7 Couper le fil argenté à la longueur souhaitée. Joindre 30 fils, puis les tresser. Nouer chaque extrémité en laissant les franges, puis fixer la poignée sur la boule.

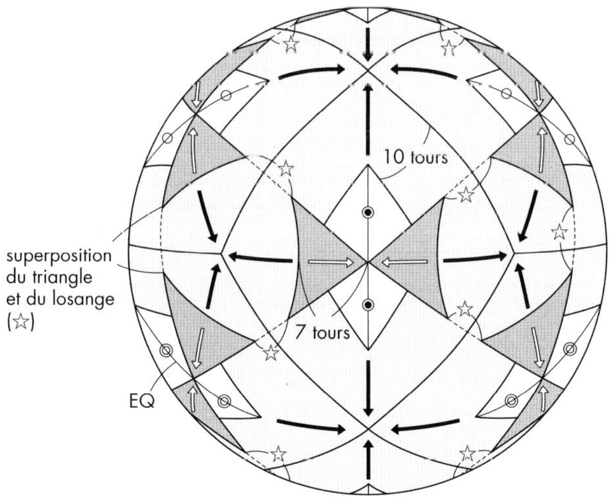

Point losange
4 tours orange, 2 tours jaunes, 4 tours vert foncé

Point triangle
7 tours violets

⟵ sens du travail des losanges
⇦ sens du travail des triangles
◉○◎ fil de division à enlever à la fin

PN = pôle nord, EQ = équateur, PS = pôle sud

Modèle traditionnel

Circonférence : 20 cm
Division simple en 8

Pompon chrysanthème

page 26

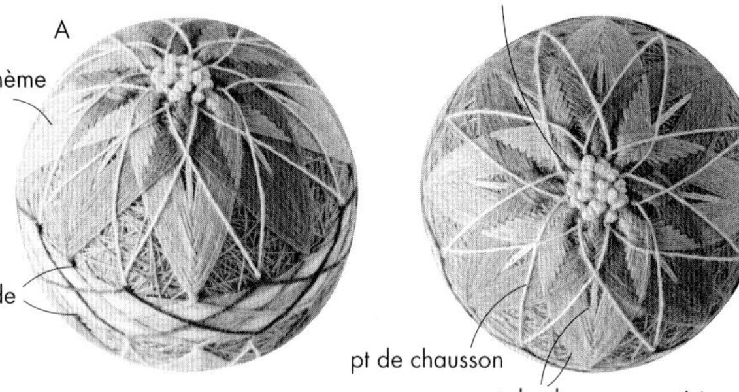

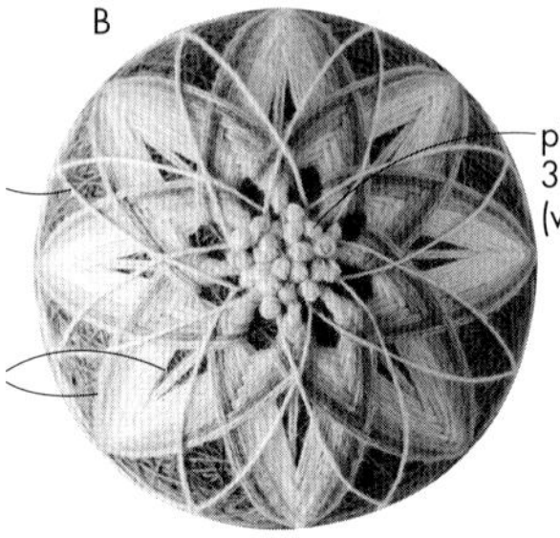

Fournitures

Boule de base

Fil à recouvrir
A : rose (39), B : bleu (20)
Fil de division
A, B : blanc (63)
Balle de riz : 24 g pour chaque modèle

Broderie

Coton à broder n° 25

A

Fleur : beige (51), rouge orangé (42), blanc (63)
Bande : vert pâle (12), blanc (63), bleu-vert cendré (22)

B

Fleur : blanc (63), gris (65), bleu-vert cendré (22), jaune pâle (02)
Bande : gris (65), écru (01), blanc (63), bleu-vert cendré (23)

* Broder avec 1 fil (6 brins), sauf indication contraire.
* L'unité de mesure est le centimètre.

Réalisation (voir p. 46 à 48.)

1 Préparer la boule de base, puis réaliser la division simple en 8.

2 Broder la bande.
① Broder chaque côté de l'équateur au point d'enroulement.
② Broder au point de chausson en 2 couleurs différentes sur la bande.

3 Broder le chrysanthème au pôle nord.
① Mesurer la longueur entre le pôle nord et la bande.
Piquer 8 épingles à 2/3 du pôle nord, sur les lignes de division.
② Fixer le milieu du ruban en papier de 1 cm de long sur le pôle nord. Piquer 1 épingle de couleur différente sur la ligne de division pour déterminer le début 1.
③ Sortir l'aiguille par le début 1. Broder 1 tour des pétales 1 à 4 au point de chausson supérieur, dans le sens des aiguilles d'une montre. Broder 1 tour des pétales 5 à 8 à partir du début 2. Broder 8 tours en alternant les débuts 1 et 2 pour réaliser 8 pétales.

4 Broder la fleur au point de chausson sur la fleur de l'étape **3**. Piquer les épingles à la pointe et au croisement des pétales. Broder au point de chausson avec 3 brins. Broder d'abord les pétales ① à ④ à partir du début I, puis les pétales ⑤ à ⑧ à partir du début II.

5 Broder des points de nœud (3 tours) au pôle nord.

6 Broder la fleur au pôle sud en suivant les étapes **3** à **5**.

Point de chausson

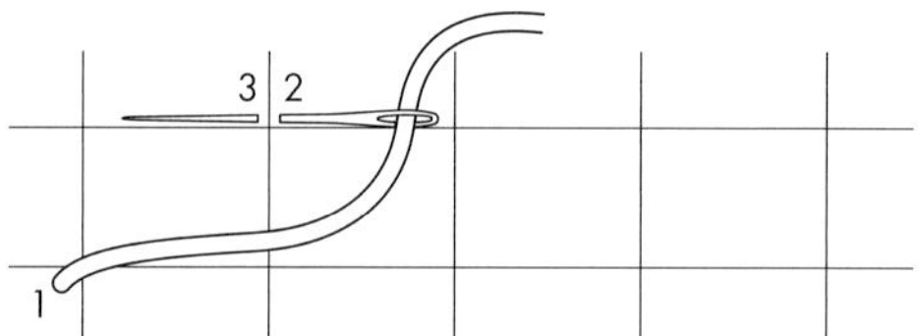

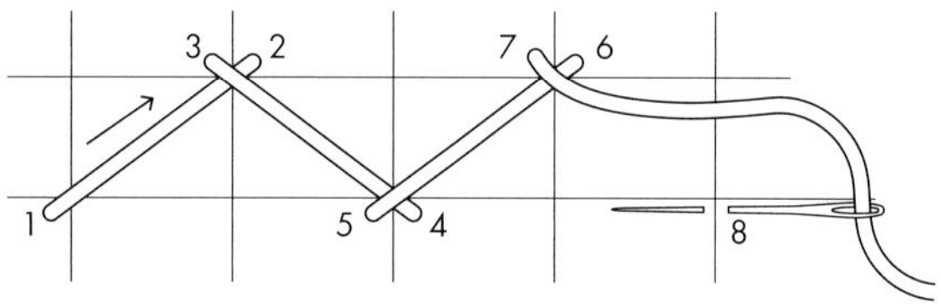

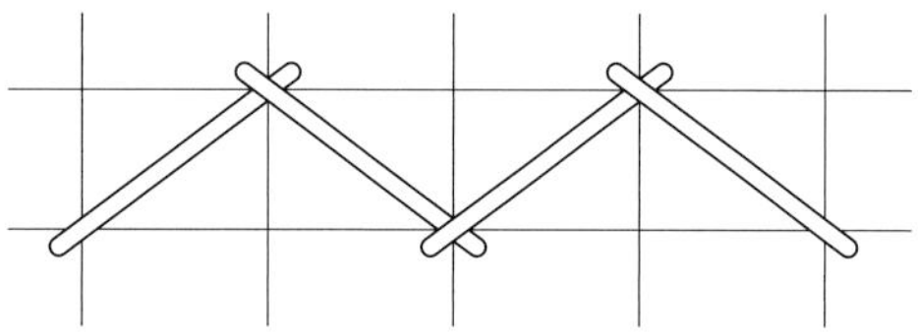

Simple

1. Sortir l'aiguille à gauche de la ligne de division. Passer le fil sur la ligne suivante à droite et la prendre en piquant l'aiguille de droite à gauche.
2. Passer le fil sur la ligne suivante à droite et la prendre en piquant l'aiguille de droite à gauche. Continuer à broder de la même manière.

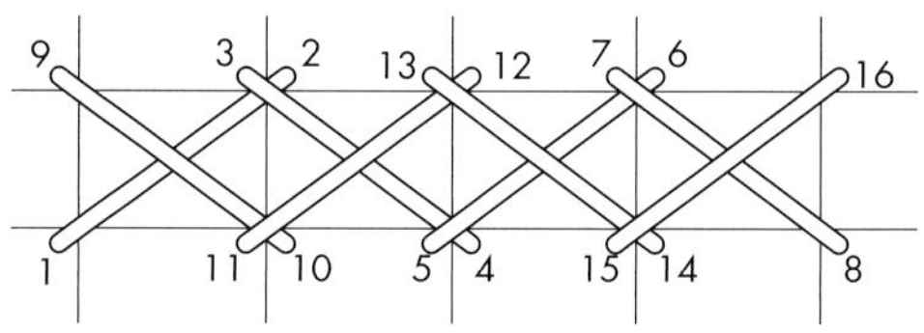

Double

Broder au point de chausson simple, puis superposer un autre point, le haut et le bas inversés.

Couleurs de la fleur
pt de chausson supérieur
A (8 tours)
début 1 : 8 tours beiges
début 2 : 8 tours rouge orangé
B (8 tours)
débuts 1 et 2 :
4 tours blancs, 2 tours gris,
1 tour bleu, 1 tour gris

pt de chausson
A : 1 tour blanc
B : 1 tour jaune pâle

pt de nœud
A : blanc
B : jaune pâle

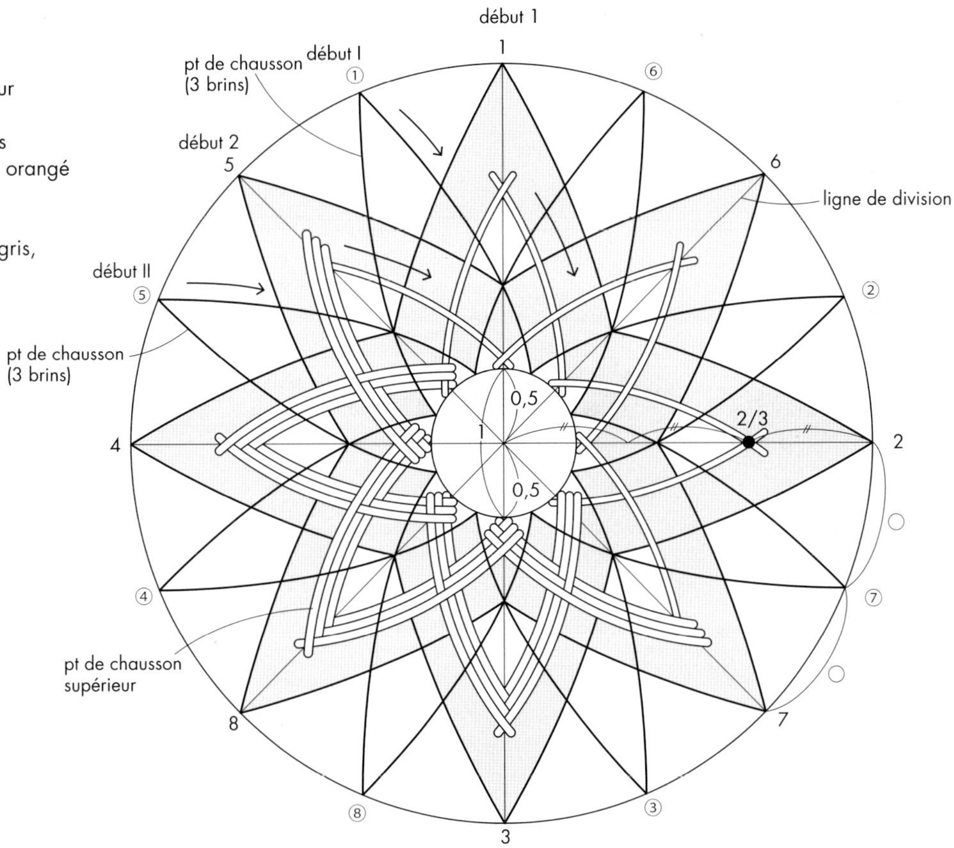

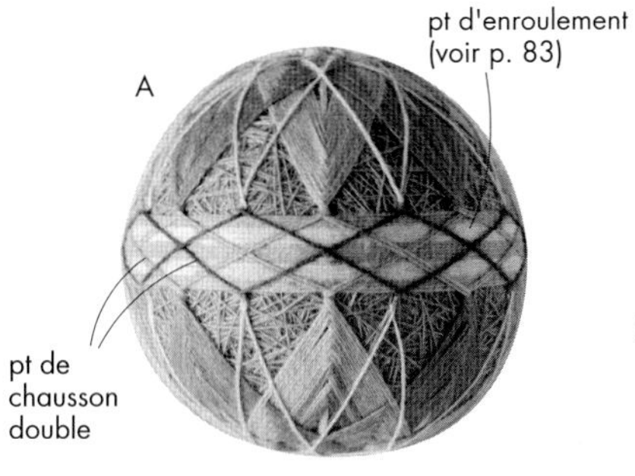

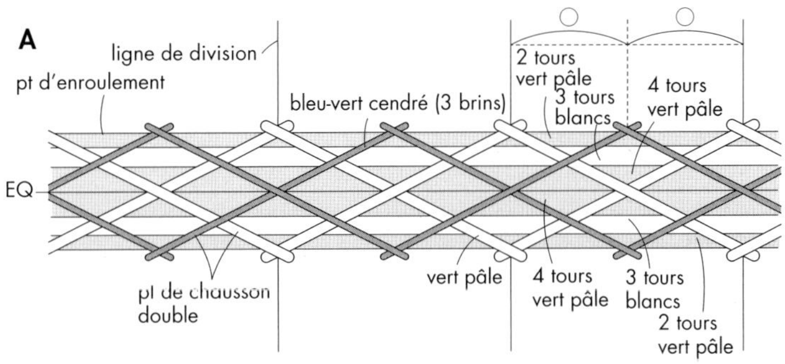

Couleurs de la bande
point d'enroulement
A (18 tours)
vers le pôle nord : 4 tours vert pâle,
3 tours blancs, 2 tours vert pâle
vers le pôle sud : 4 tours vert pâle,
3 tours blancs, 2 tours vert pâle
B (10 tours)
vers le pôle nord : 2 tours écrus, 3 tours gris,
vers le pôle sud : 2 tours écrus, 3 tours gris

point de chausson double
A : vert pâle, bleu-vert cendré (3 brins)
B : bleu-vert cendré (3 brins), blanc (3 brins)

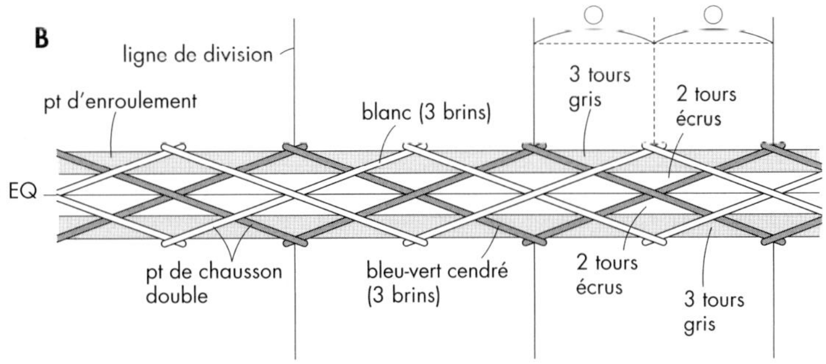

EQ = équateur

Modèle traditionnel

Circonférence : 20 cm
Division simple en 6

Annabelle

page 28

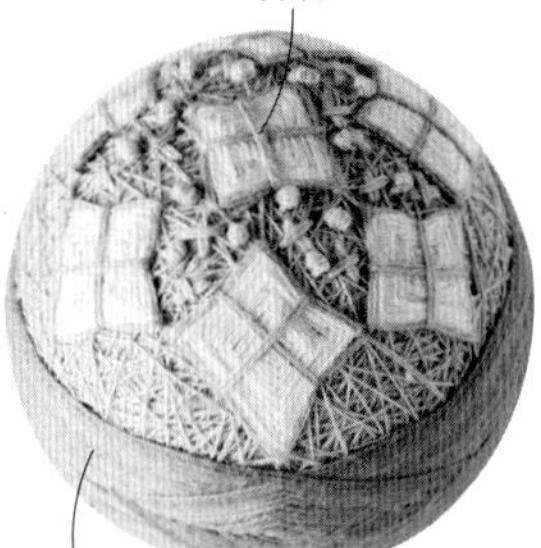

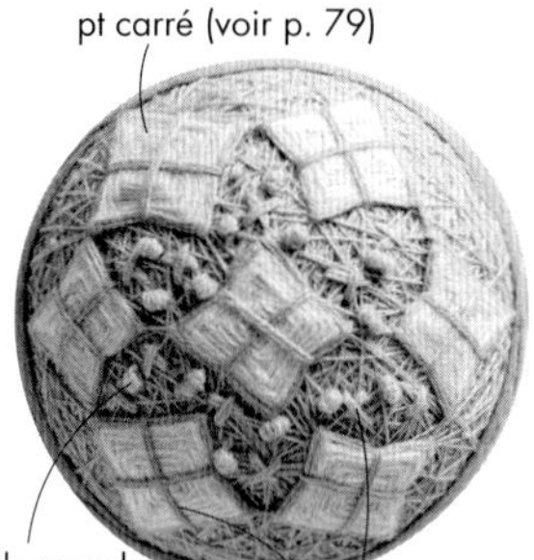

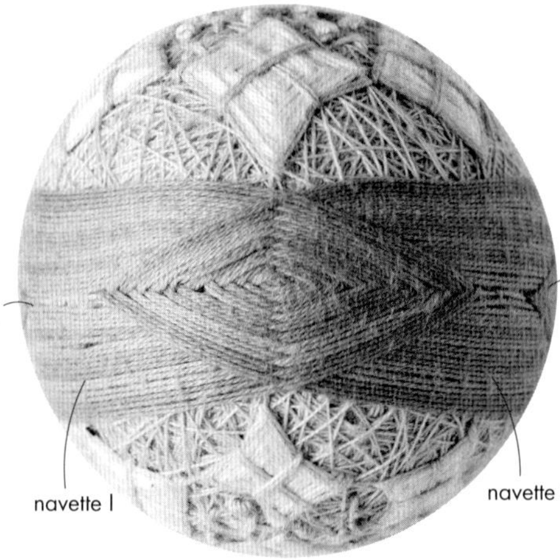

Couleurs et réalisation des navettes

Broder 1 tour de chaque navette, et répéter 10 fois.
Un losange se forme sur le chevauchement des 2 navettes.
A : 2 t. marron doré pâle → 1 t. jaune pâle → 1 t. marron doré pâle → 2 t. ocre → 2 t. marron doré pâle → 2 t. ocre
B : 2 t. marron doré pâle → 1 t. marron dégradé → 1 t. marron doré pâle → 2 t. marron dégradé → 1 t. marron doré pâle → 1 t. marron dégradé → 2 t. marron doré pâle
C : 3 t. jaune pâle → 1 t. marron dégradé → 3 t. jaune pâle → 1 t. marron dégradé → 2 t. jaune pâle

Fournitures

Boule de base

Fil à recouvrir
A : vert pâle (06), B : marron (54), C : vert-jaune (10)
Fil de division, fil auxiliaire
A, B, C : coloris assorti au fil à recouvrir
Balle de riz : 24 g pour chaque modèle

Broderie

Coton à broder n° 25

A

Fleur : blanc (63), vert pâle (06)
Bande : ocre (61), marron doré pâle (60), jaune pâle (07)

B

Fleur : bleu-vert pâle (08), gris-bleu (12), vert cendré (13)
Bande : marron doré pâle (60), marron dégradé (62)

C

Fleur : rose foncé (34), rose (36), vert-jaune (10)
Bande : jaune pâle (07), marron dégradé (62)
* Broder avec 1 fil (6 brins), sauf indication contraire.

Réalisation

1 Préparer la boule de base, puis réaliser la division simple en 6.

2 Ajouter les lignes auxiliaires vers le pôle nord.
① Piquer les épingles au milieu entre le pôle nord et l'équateur, sur les lignes de division.
② Broder 1 tour avec 3 brins de couleur identique à la ligne de division, autour des épingles de l'étape ① et en prenant chaque ligne de division.

3 Broder 3 navettes à cheval sur l'équateur.
① Broder 1 tour de la navette I à partir de la ligne de division 1.
② Broder 1 tour de la navette II à partir de la ligne de division 3.
③ Broder 1 tour de la navette III à partir de la ligne de division 5.
④ Répéter 10 fois les étapes ① à ③ pour broder les 3 navettes de 10 tours.

4 Broder 7 fleurs au point carré et au point de pin.
① Broder la fleur au point carré au pôle nord en respectant les couleurs indiquées.
② Broder les fleurs au point carré au croisement des lignes de division et des lignes auxiliaires.
③ Broder le point de pin au centre des fleurs.

5 Broder des points de nœud (3 tours) et des points de pin entre les fleurs.

6 Ajouter les lignes auxiliaires et broder les fleurs sur le pôle sud en suivant les étapes **2**, **4** et **5**.

Disposition des navettes

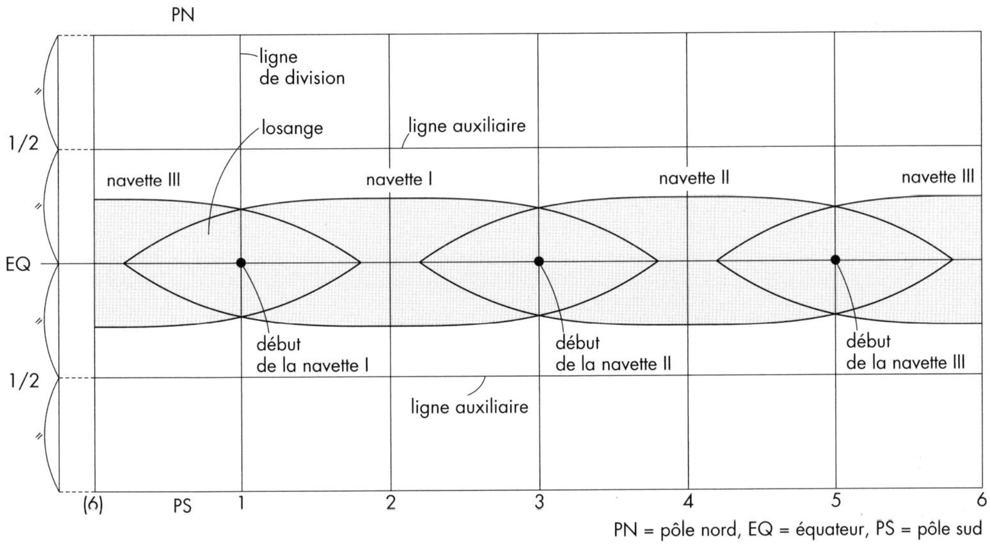

PN = pôle nord, EQ = équateur, PS = pôle sud

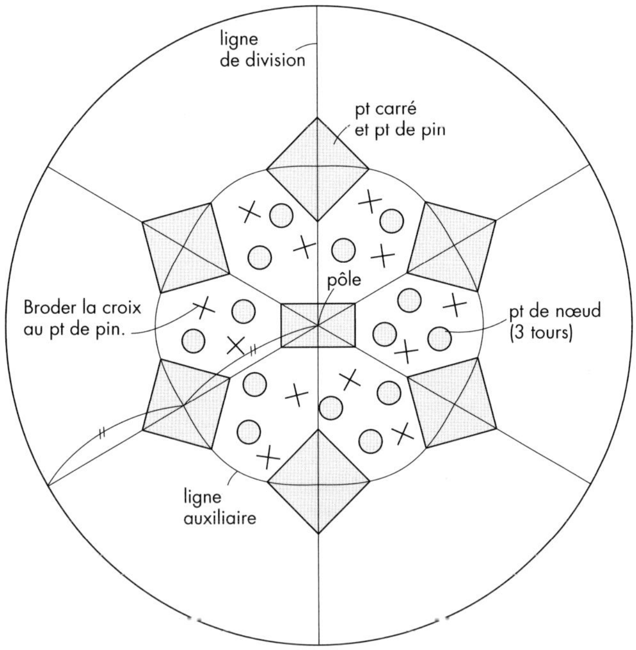

Fleur carrée du pôle
Broder au point carré en disposant les angles sur 4 des 6 lignes de division.

Fleur carrée des lignes auxiliaires
Disposer le centre de la fleur sur le croisement des lignes de division et auxiliaires.

Point de nœud et point de pin
Broder librement au point de nœud (3 tours) et au point de pin entre les fleurs carrées.
A : vert pâle, B : gris-bleu,
C : vert-jaune

1

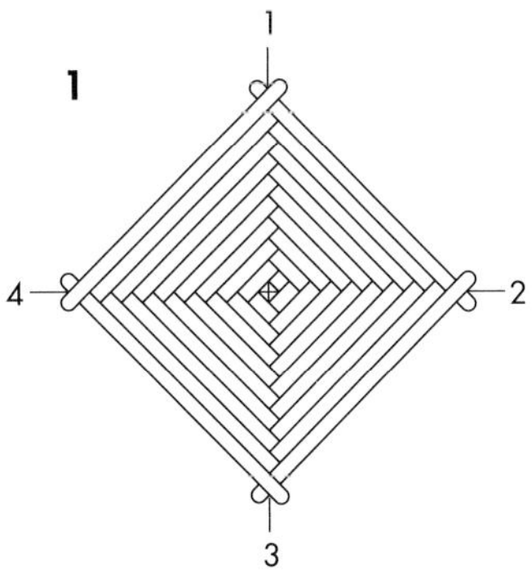

2

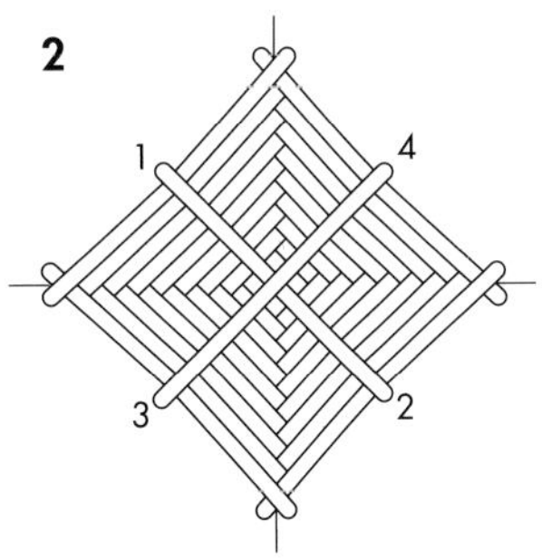

Réalisation de la fleur

1. Broder au point carré
A : 8 t. blancs, 1 t. vert-pâle (9 t.)
B : 6 t. bleu-vert pâle, 3 t. gris-bleu (9 t.)
C : 3 t. rose foncé, 5 t. roses, 2 t. vert-jaune (10 t.)
2. Broder une croix au point de pin.
Tirer légèrement le fil pour courber les bords de la fleur carrée.
A : blanc, B : vert cendré, C : vert-jaune

Modèle traditionnel

Circonférence : 20 cm
Division simple en 6

Protea

page 29

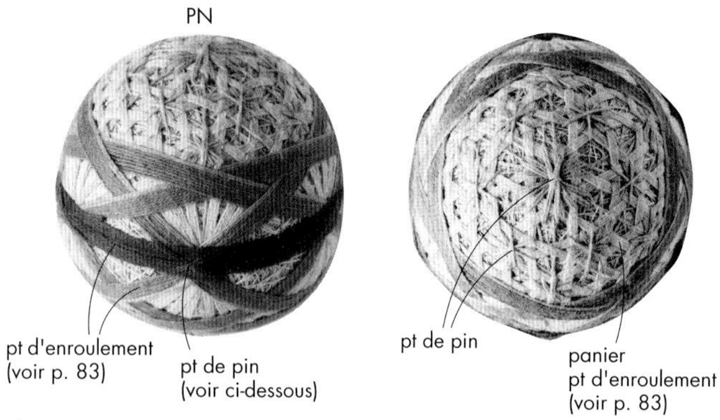

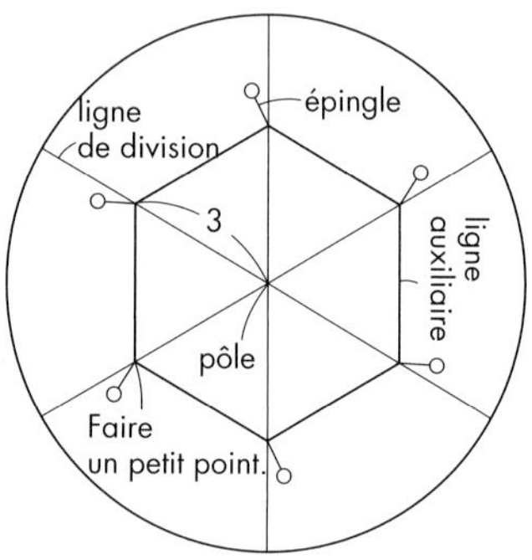

Lignes auxiliaires
Épingler à 3 cm du pôle sur les lignes de division. Passer le fil en prenant chaque ligne de division.

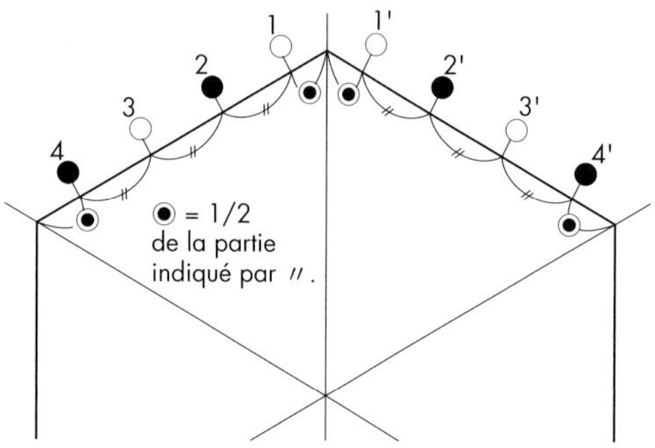

Épingles pour les repères
Diviser 1 bord de ligne auxiliaire en 5 comme ci-contre. Piquer les épingles en alternant les couleurs ou marquer les repères avec des stylos.
Diviser le bord voisin et les bords opposés de la même manière.

Fournitures
Boule de base
Fil à recouvrir : vert pâle (18)
Fil de division, fil auxiliaire : coloris assorti au fil à recouvrir
Balle de riz : 24 g
Broderie
Coton à broder n° 25
Panier : rose pâle (51), mauve (52), marron (55), marron clair (61)
Fleur : rose (53)
Bande : vert (15)
* Broder avec 1 fil (6 brins), sauf indication contraire.
* L'unité de mesure est le centimètre.

Réalisation

1 Préparer la boule de base, puis réaliser la division simple en 6 avec 3 brins. Ajouter 1 ligne auxiliaire avec 3 brins au pôle nord et au pôle sud.
① Épingler à 3 cm du pôle sur les lignes de division.
② Broder 1 tour en passant par les épingles et en prenant chaque ligne de division.

2 Broder le panier avec 2 couleurs différentes dans les espaces divisés par les lignes auxiliaires.
① Diviser chaque partie de la ligne auxiliaire en 5 comme indiqué sur le schéma. Piquer 4 épingles de couleurs différentes ou marquer les repères à l'aide des stylos.
② Broder au point d'enroulement avec 2 couleurs différentes dans le sens I.
③ Broder au point d'enroulement avec 2 couleurs différentes dans le sens II.
④ Broder au point d'enroulement avec 2 couleurs différentes dans le sens III. Passer le fil dessus/dessous les fils des sens I et II pour former la tresse.

3 Broder les 6 bandes autour des lignes auxiliaires et 1 bande sur l'équateur.
① Commencer par l'équateur (début 1), puis passer le fil en suivant 1 bord de la ligne auxiliaire du pôle nord. Passer par l'équateur et suivre le bord de la ligne auxiliaire du pôle sud. Revenir au début.
② Broder les 5 autres bandes de la même manière qu'à l'étape ①.
③ Broder 6 tours au point d'enroulement pour réaliser la bande de l'équateur. Broder au point de pin sur le croisement de l'équateur et les lignes de division.

4 Broder 3 sortes de fleurs au point de pin sur le panier.

Point de pin

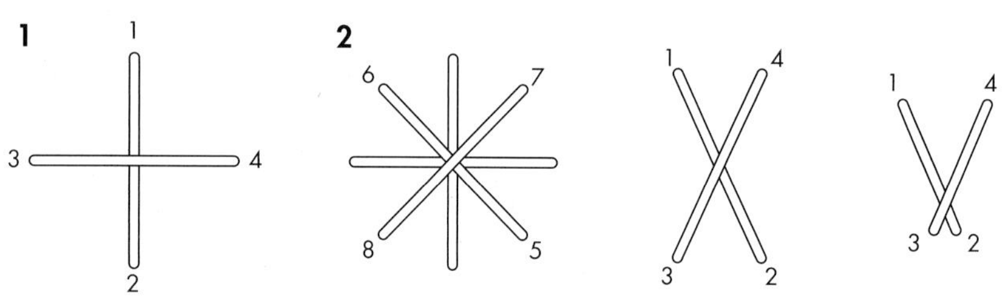

1. Broder une croix.
2. Broder une autre croix à 45° sur la 1re. Broder plus de croix selon le modèle.

Plusieurs variations possibles : en forme allongée, en V, grosseur de fil différente, etc.

Panier

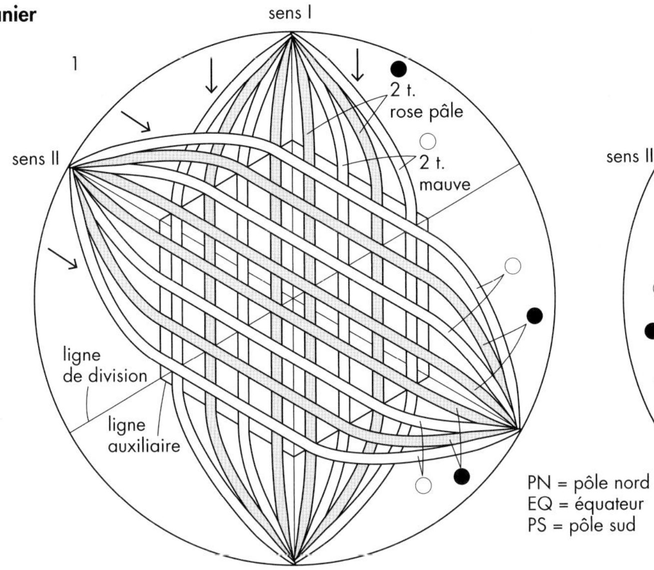

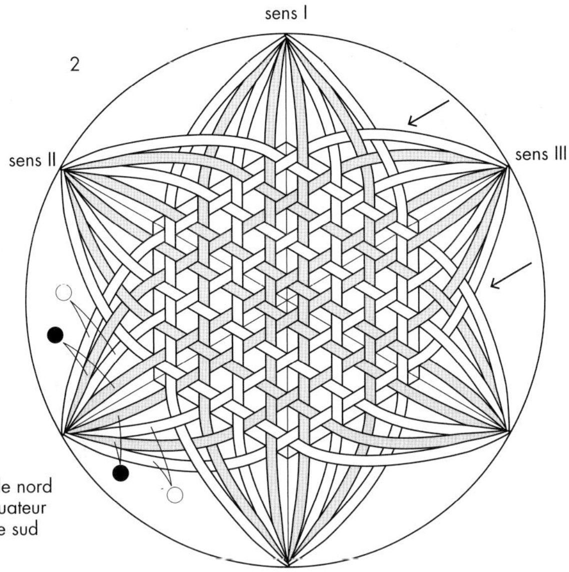

PN = pôle nord
EQ = équateur
PS = pôle sud

Passer 2 fils de couleurs différentes dans le sens I, puis superposer 2 fils de couleurs différentes dans le sens II.

Passer 2 fils de couleurs différentes dans le sens III, en les passant dessus/dessous les bandes précédentes.

Bande hexagonale

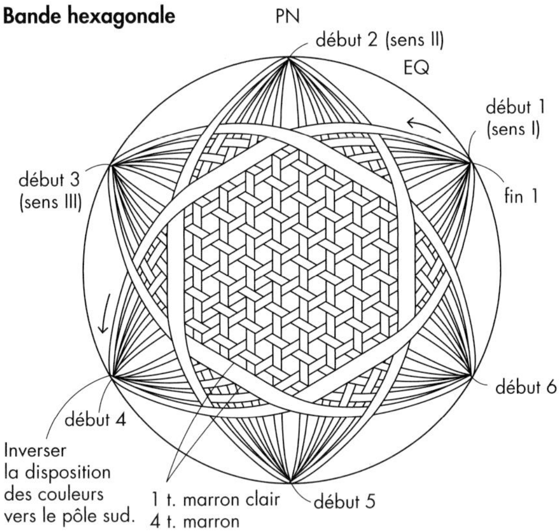

S'il est difficile de croiser les fils, les superposer dans l'ordre I, II et III.

Passage des fils

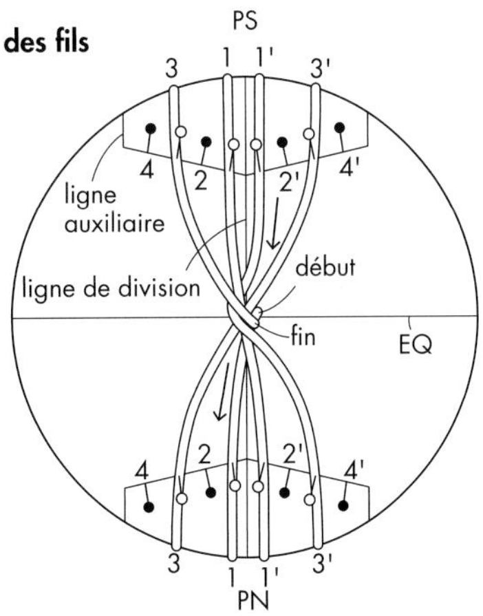

rose pâle (1 tour de chaque côté de l'épingle)

Commencer au-dessus de l'équateur → PN1 → croiser les fils sur l'équateur à l'opposé → PS1′ → revenir au début → PN3 → croiser les fils sur l'équateur à l'opposé → PS3′ → revenir au début → PN1 → croiser les fils sur l'équateur à l'opposé → PS1 → revenir au début → PN3′ → croiser les fils sur l'équateur à l'opposé → PS3 → revenir au début.

Changer de couleur, puis passer le fil autour des épingles 2, 4, 2′ et 4′.

Bande de l'équateur

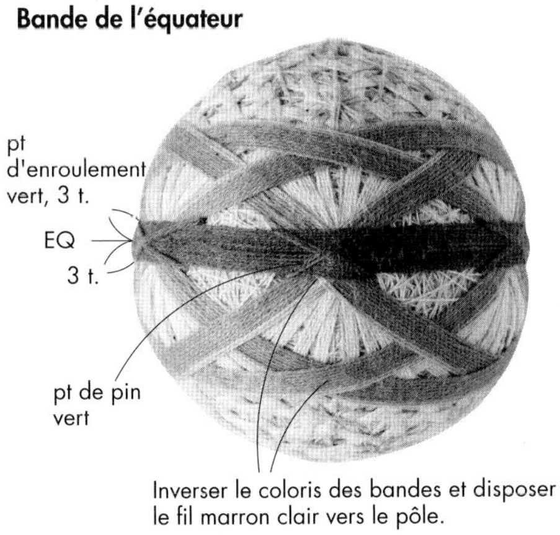

Fleurs

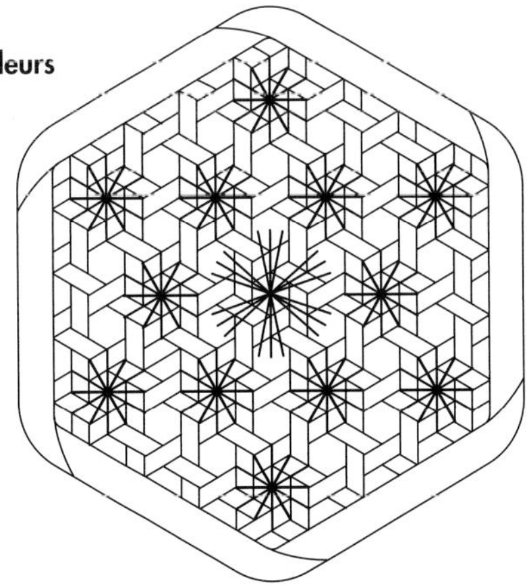

* **Fleur centrale (rose)**
Broder 3 points de pin dans chaque hexagone.

* **Fleurs du milieu (rose)**
Broder 3 points de pin en reliant les losanges de la tresse.
Broder 1 point de pin avec 3 brins entre les 3 premiers points.

* **Fleurs extérieures (rose)**
Broder 6 points de pin en reliant les losanges de la tresse.

Modèle brodé

Circonférence : 20 cm
Aucune division

Lycoris rouge

page 27

Fournitures

Boule de base

Fil à recouvrir : gris foncé (68)
Balle de riz : 24 g

Broderie

Coton à broder n° 25 : rouge orangé (43), corail (42), bleu pâle (16), gris (65)
* Broder avec 1 fil (6 brins), sauf indication contraire.

Réalisation (voir p. 52 et 53)

1 Préparer la boule de base.

2 Broder 2 grandes fleurs A à chaque pôle.
① Photocopier le guide divisé en 16, puis le fixer au pôle.
② Piquer 16 épingles en suivant le guide. Préparer les épingles de 2 couleurs différentes et alterner les couleurs.
③ Déterminer le début et piquer l'épingle.
④ Enlever le guide.
⑤ Broder les fleurs au point de pin.

3 Broder 4 grandes fleurs sur l'équateur en suivant l'étape **2**.

4 Remplir entre les grandes fleurs avec les fleurs moyennes et les petites fleurs.

* Broder 2 points de pin à 8 branches, puis superposer 1 autre point de pin à 8 branches pour broder les fleurs moyennes et les petites fleurs. Changer le nombre de brins (2 fils, 1 fil ou 3 brins, etc.) pour apporter de la nuance.
* Il est possible de broder les fleurs moyennes avec ou sans guide. Broder les petites fleurs sans guide.

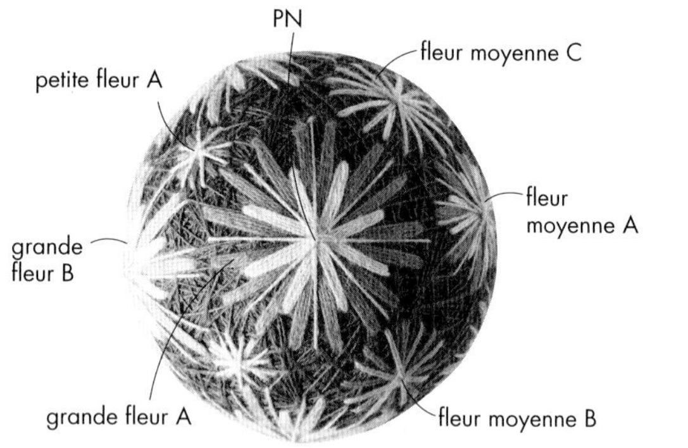

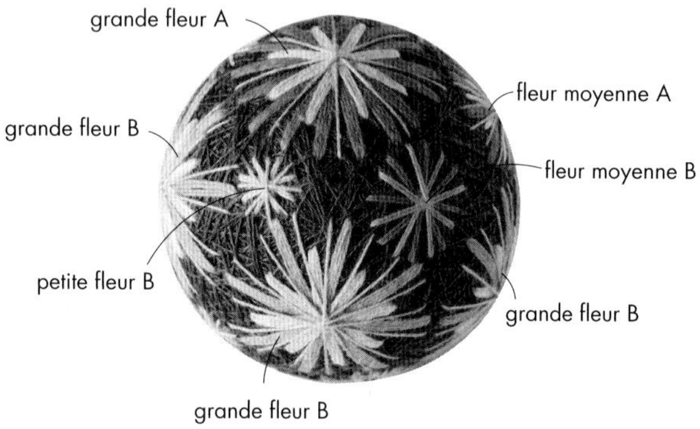

Variation du point de pin (voir p. 74)

I Grande fleur A (B) : ø 3,8 cm,
fleur moyenne A : ø 2,2 cm = rouge orangé (corail), bleu pâle, gris
1. Broder en suivant le guide avec 2 fils.
2. Broder dans les espaces entre les points de l'étape **1** avec 2 fils (1 fil pour la fleur moyenne).
3. Broder dans les espaces restants avec 3 brins.

II Fleur moyenne B (C) : ø 1,4 à 2 cm
rouge orangé (bleu pâle), corail (gris)

III Petite fleur A (B) : ø 1 cm
rouge orangé (bleu pâle), gris (3 brins)

Guide
divisé en 16 (ø 3,8 cm, ø 2,2 cm)

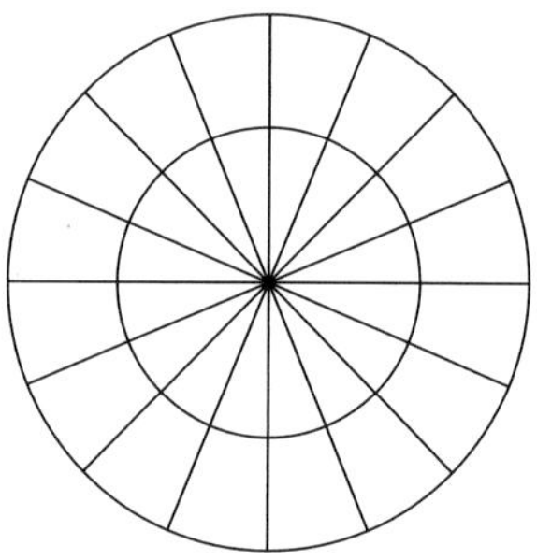

disivé en 8 (ø 2 cm)

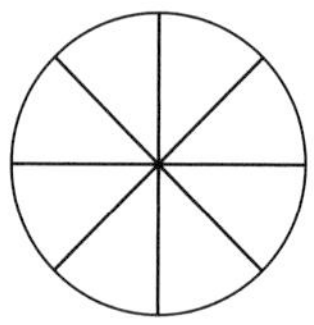

I

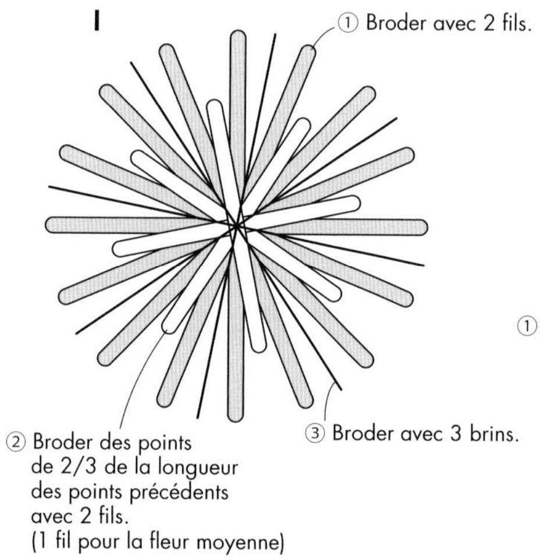

II, III

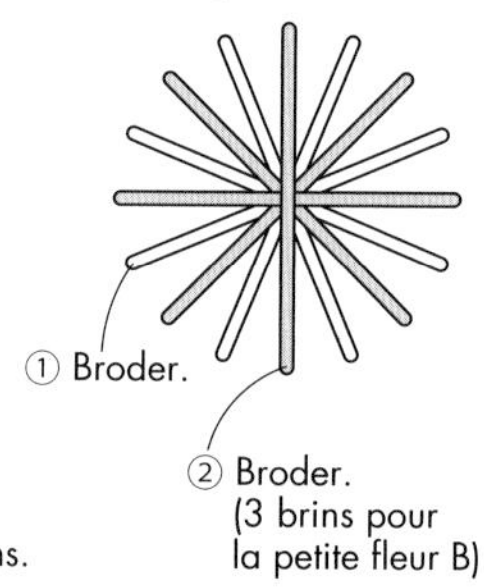

Modèle brodé

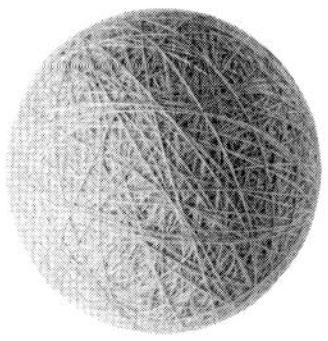

Circonférence : 20 cm
Aucune division

Prisme

page 32

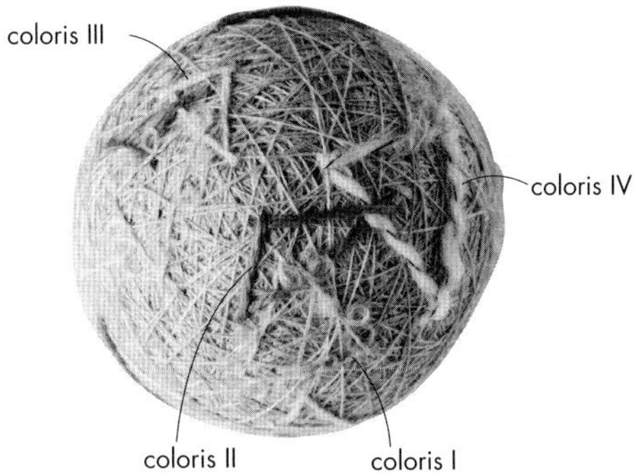

Fournitures

Boule de base

Fil à recouvrir : bleu (17)
Balle de riz : 24 g

Broderie

Laine : rose, orange, jaune, écru
* Combiner plusieurs chutes de fils différents en se référant à la photo.
* Broder avec 1 fil.

Réalisation

1 Préparer la boule de base.

2 Broder librement les triangles de tailles différentes.

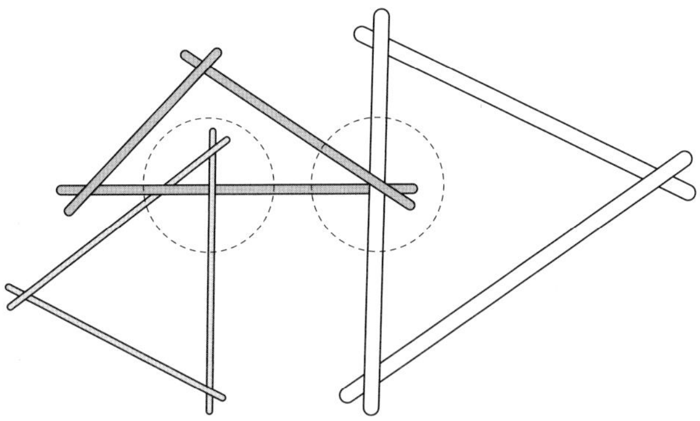

Broder les triangles isolés ou les superposer pour donner du rythme. Croiser une partie des fils pour donner de la profondeur aux motifs.

Point triangle

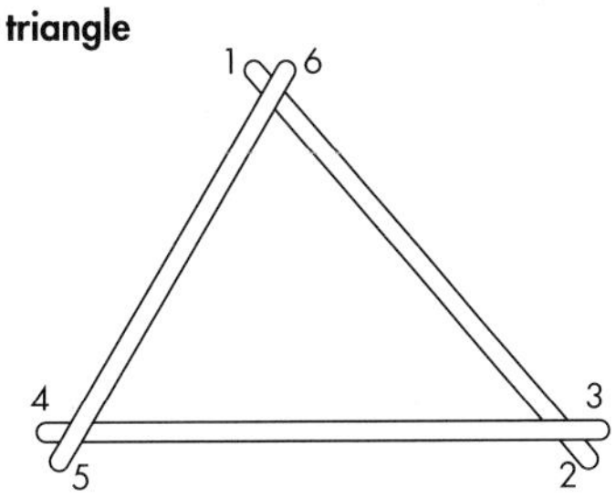

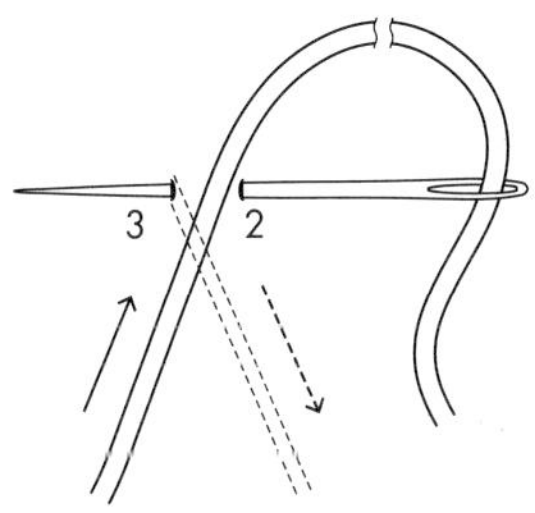

1. Sortir l'aiguille en 1.
2. Faire pivoter la boule pour disposer les points 2 et 3 vers soi. Piquer l'aiguille en 2 et la sortir en 3.
3. Faire pivoter la boule pour disposer les points 4 et 5 vers soi. Piquer l'aiguille en 4 et la sortir en 5.
4. Piquer l'aiguille en 6.

Modèle traditionnel

Circonférence : 24 cm
Division en 8 combinée

Diamant

page 32

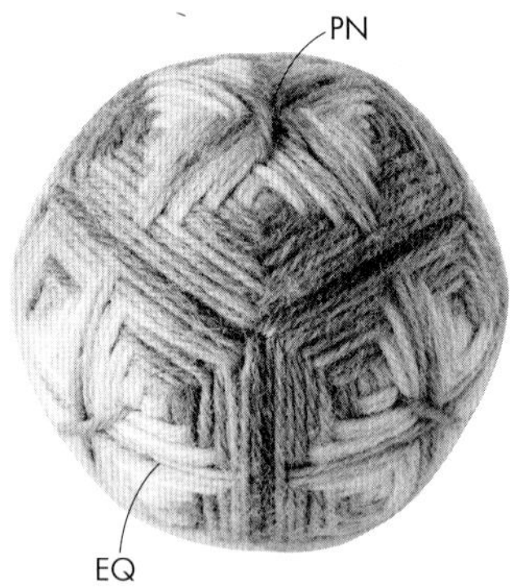

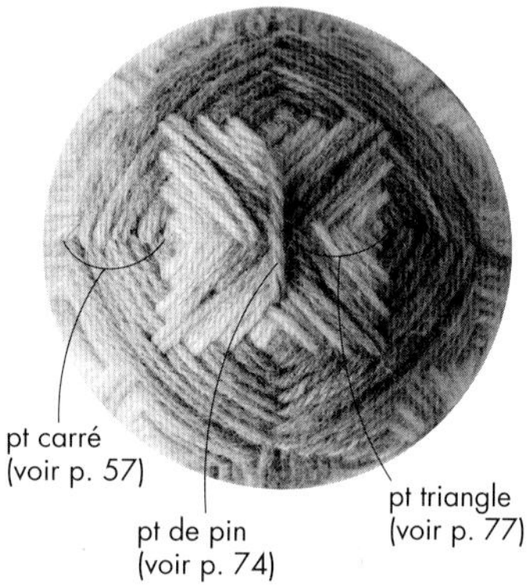

Fournitures

Boule de base

Fil à recouvrir : blanc (63)
Fil de division : coloris assorti au fil à recouvrir
Balle de riz : 42 g

Broderie

Laine fine : vert mousse, jaune, violet, rose, rouge-violet
* Broder avec 1 fil.
* Choisir les laines de grosseur identique.

Réalisation

1 Préparer la boule de base, puis réaliser la division en 8 combinée.

2 Broder au point carré dans les 6 carrés séparés par les lignes de division.
① Épingler au milieu des lignes diagonales du carré.
② Broder 1 tour au point carré dans les 6 carrés.

3 Broder le triangle dans les 8 grands triangles séparés par les lignes de division.
① Faire 1 point à l'intérieur de l'angle de 3 des carrés de l'étape **2** pour broder 1 tour de triangles.
② Broder 1 tour de 7 autres triangles en suivant l'étape ①.

4 Alterner 1 tour de carrés et 1 tour de triangles pour remplir la boule.
* 7 tours sont réalisés pour le modèle de la photo.
Le nombre de tours est différent selon la grosseur du fil choisi.

5 Broder au point de pin au centre des carrés formés avec les triangles.

Point de pin

Combinaison de couleurs et ordre de broderie

1er tour : pt carré (vert mousse) → pt triangle (jaune)
2e tour : pt carré (vert mousse) → pt triangle (jaune)
3e tour : pt carré (violet) → pt triangle (jaune)
4e tour : pt carré (vert mousse) → pt triangle (jaune)
5e tour : pt carré (vert mousse) → pt triangle (jaune)
6e tour : pt carré (vert mousse) → pt triangle (jaune)
7e tour : pt carré (violet) → pt triangle (rose)
Finition : pt de pin (rouge-violet)

Emplacement des épingles

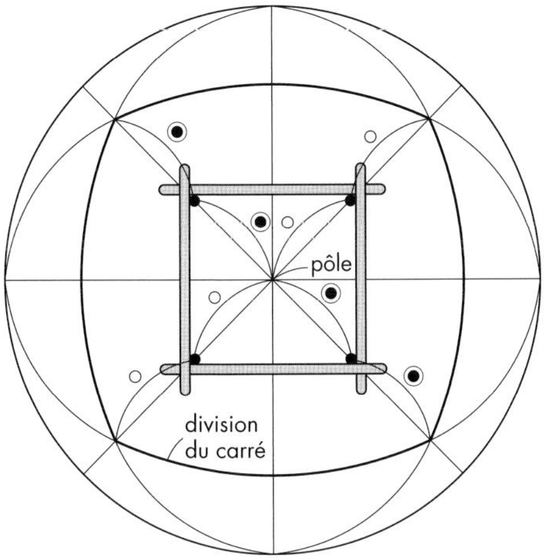

Position des points carré et triangle

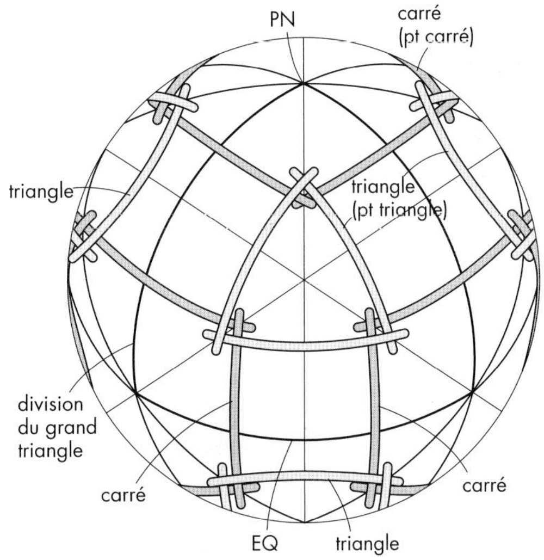

PN = pôle nord, EQ = équateur, PS = pôle sud

Sens du travail

pt carré = vert mousse, violet ➡

pt triangle = jaune ⇨

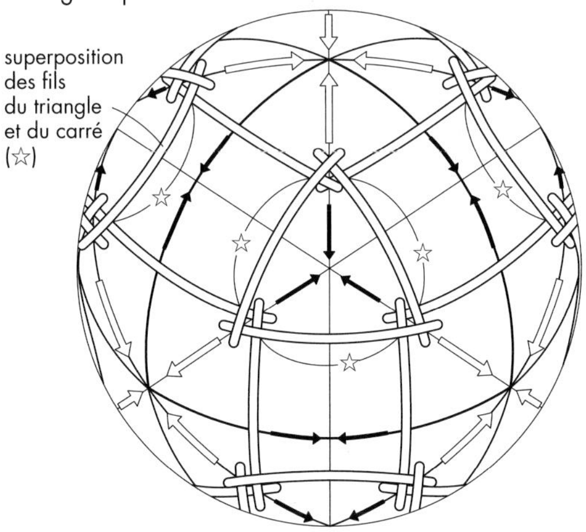

Point carré et variation

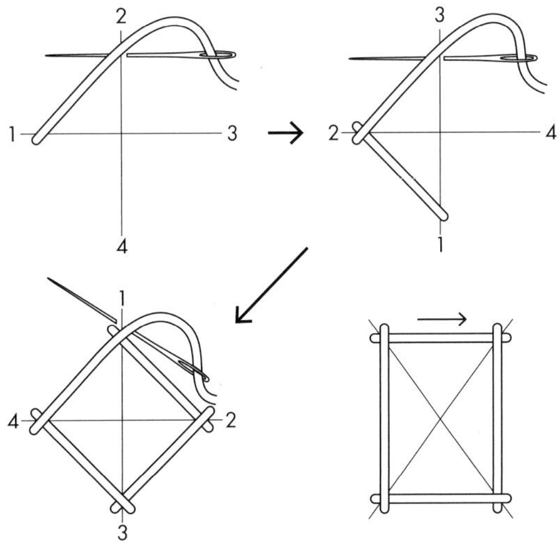

Piquer l'aiguille perpendiculairement à la ligne de division pour former un carré ou un rectangle. Pour broder le 2e tour, sortir l'aiguille au-dessus du 1er point pour broder vers l'extérieur.

Point croisé (carré et triangle)

En brodant alternativement le point carré et le point triangle, une partie des motifs se superpose pour remplir toute la surface de la boule.

1. Broder 1 point carré autour des 4 lignes de division.
2. Faire 1 point à l'intérieur du carré, puis broder 1 point triangle.
3. Répéter les étapes **1** et **2** pour remplir la surface.

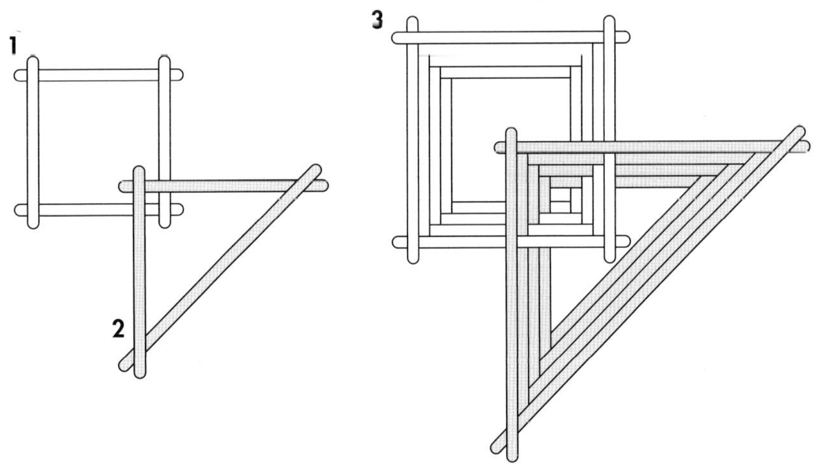

Modèle traditionnel

Circonférence : 20 cm
Division en 8 combinée

Triangle

page 32

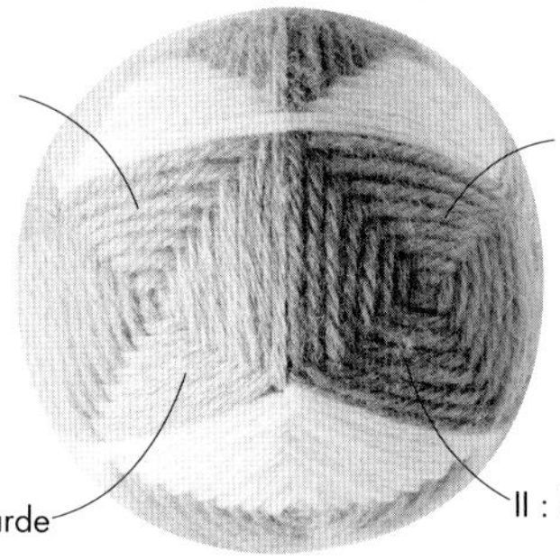

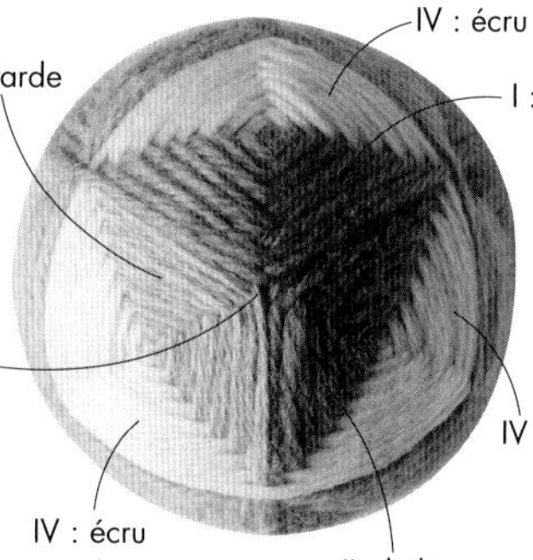

Fournitures

Boule de base

Fil à recouvrir : blanc (63)
Fil de division : coloris assorti au fil à enrouler
Balle de riz : 24 g

Broderie

Laine fine : rose, kaki, moutarde, écru
* Broder avec 1 fil (6 brins).
* Choisir les laines de grosseur identique.

Réalisation (voir p. 77)

1 Préparer la boule de base, puis réaliser la division en 8 combinée. Repérer les grands triangles sur l'équateur et chaque pôle.

2 Relier les lignes de division séparant en 6 le grand triangle pour former un triangle inversé. Épingler une pointe pour le repère du début.

3 Broder 1 tour des 8 triangles.
① Broder 1 tour de triangles avec 1 couleur.
② Broder 1 tour des 3 triangles voisins du 1er triangle avec 3 couleurs différentes.
③ Broder 1 tour des 4 autres triangles en suivant les étapes ① et ②.

4 Broder le 2e tour des 8 triangles en suivant l'étape **3**. Passer le fil sur le 1er tour et faire un petit point pour fixer le fil.

5 Répéter l'étape **4** pour remplir la boule de base.
* 9 tours sont réalisés pour le modèle de la photo.
Le nombre de tours est différent selon la grosseur du fil choisi.

Point croisé (triangles)
Broder 2 triangles tour par tour. Une partie des triangles se superpose pour remplir la surface.
Le début se situe au croisement des 2 triangles.

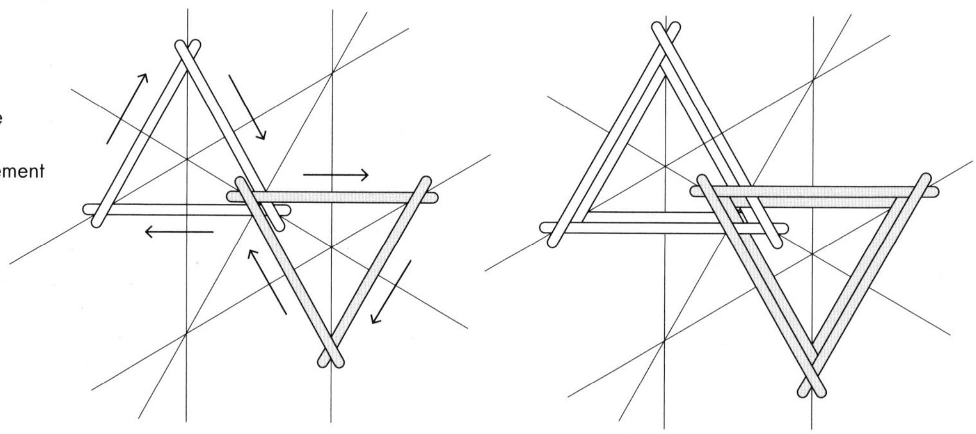

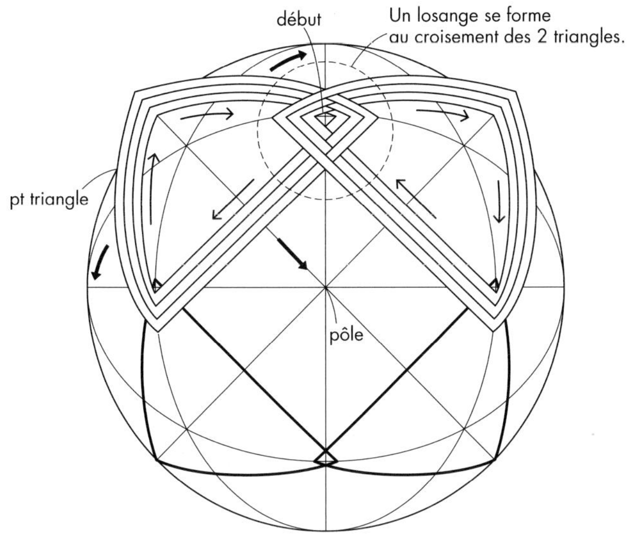

Broderie

1. Le croisement des lignes de division du grand triangle (divisé en 6) est le centre de chaque triangle. Broder au point triangle et revenir au début.
2. Enfiler un autre fil et sortir l'aiguille en 1, à l'intérieur d'un angle du 1er triangle. Broder au point triangle.
3. Broder les 8 triangles de la même manière et revenir sur le 1er triangle.
4. Répéter les étapes **1** à **3** pour broder tour par tour.

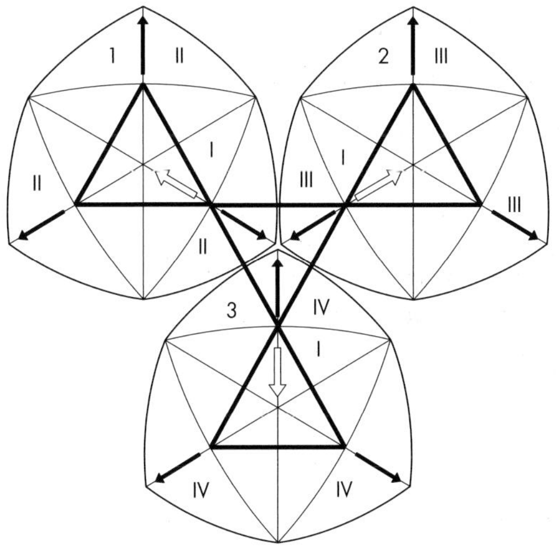

Sens du travail

Broder les triangles II, III et IV, tour par tour, à la pointe des triangles I dans le sens indiqué par les flèches. L'intérieur du triangle central sera rempli par les petits triangles de 3 couleurs.

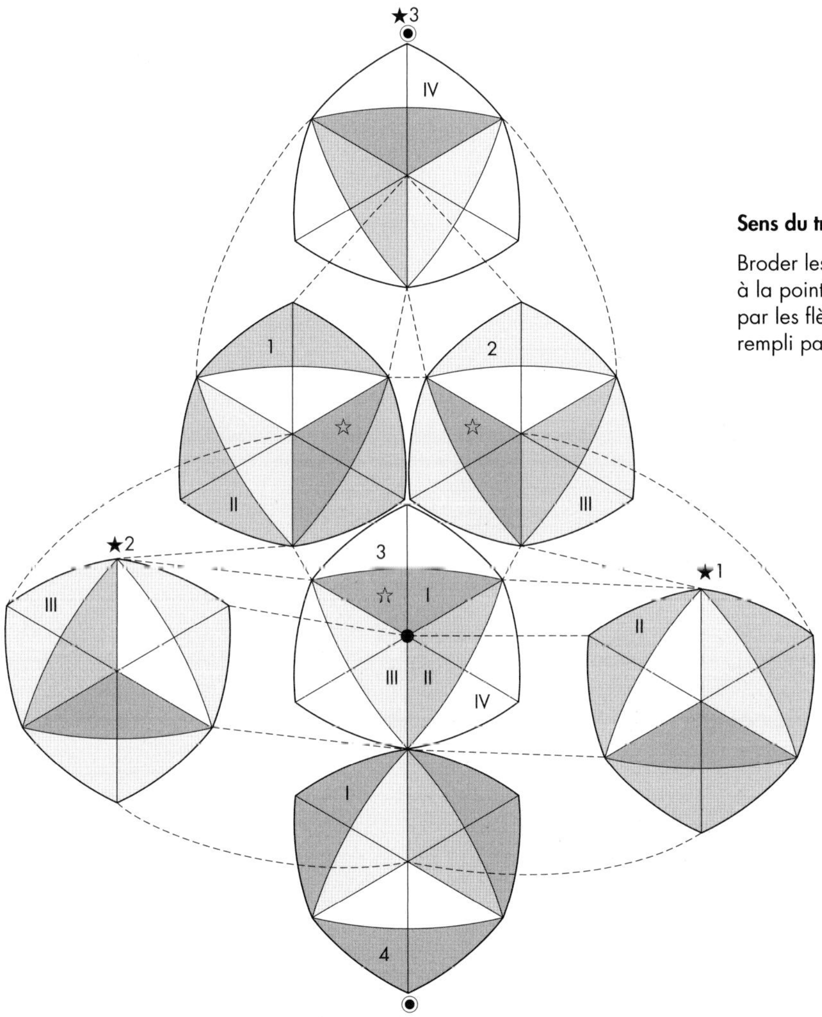

Combinaison de couleurs

À la fin du travail, des petits triangles de même couleur se forment sur le contour des 8 grands triangles.
2 des petits triangles sont réalisés dans les 4 couleurs ci-dessous.
1, ★1 = II : kaki
2, ★2 = III : moutarde
3, ★3 = IV écru
4, ☆ = I : rose
L'intérieur de chaque triangle est réalisé en 3 couleurs.
∗ Le schéma ci-contre indique tous les triangles.
∗ ● = PN
∗ ◉ = PS

Modèle brodé

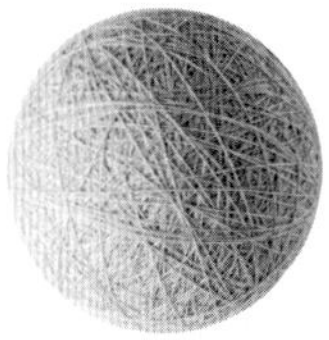

Couronne

page 33

Circonférence : 18 cm, 20 cm (12 à 24 cm)
A-1, A-2, C : aucune division
B : division en 6, en 8 , en 10, en 16 ou en 8 combinée
* Les indications entre parenthèses correspondent aux modèles B et C

Fournitures

Boule de base

A (brodé au point d'enroulement)
Fil à recouvrir
A-1 : rouge orangé (42), A-2 : orange clair (38)
Balle de riz
A-1 : 19 g, A-2 : 24 g
B (division)
Circonférence de 18 ou 20 cm
Division simple en 16 : jaune pâle (44)
Division simple en 10 : rouge-brun clair (53)
Division simple en 8 : rouge orangé (42)
Division en 8 combinée : rose (31)
Division simple en 6 : rose clair (39)
Balle de riz : 19 g ou 24 g
C x 17 (uni)
Circonférence de 12 à 18 cm
Balle de riz : 5 à 19 g

Broderie

Coton à broder n° 25
A-1 : orange (41), orange pâle (59), blanc (63), jaune (45), marron doré pâle (59), beige (58)
A-2 : rouge orangé (42), orange pâle (38), rose (33), orange (41), moutarde (48), beige (58), rose cendré pâle (30)
B
Division simple en 16 : blanc (63), rose pâle (39), moutarde (48)
Division simple en 10 : beige (51), rose pâle (39)
Division simple en 8 : jaune clair (46), moutarde (48)
Division en 8 combinée : blanc (63), rose pâle (39), beige rosé (52)
Division simple en 6 : rose très pâle (37), corail (40)
* Broder avec 1 fil (6 brins), sauf indication contraire.
* L'unité de mesure est le centimètre.
Autres fournitures
1 anneau en métal de ø 30 cm
Fil de fer
Chutes de tissus

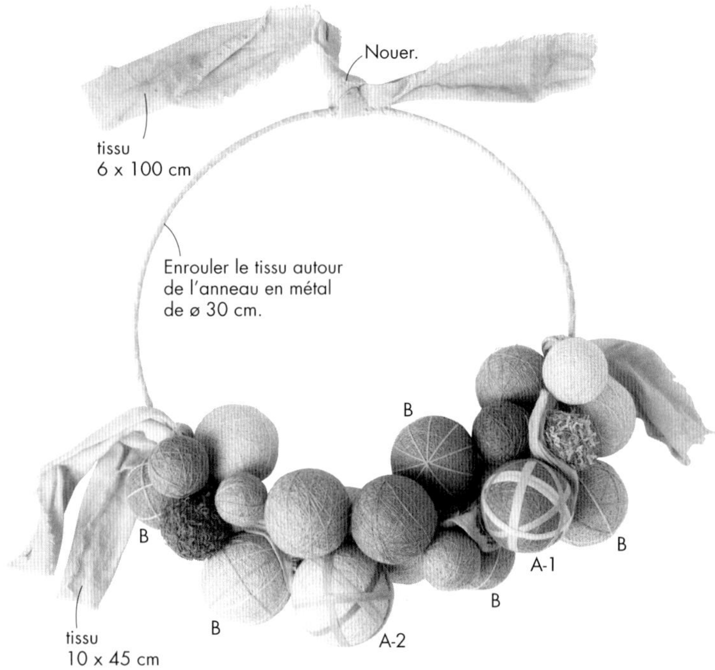

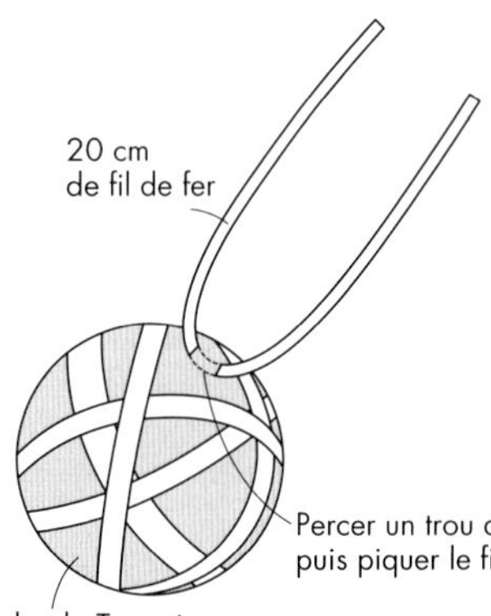

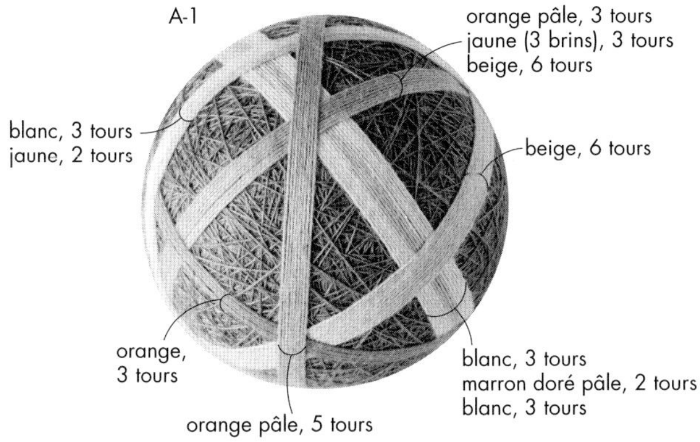

Réalisation

1. Préparer la boule de base.
2. Broder les bandes au point d'enroulement. Déterminer le début, puis combiner librement le nombre de tours et la couleur pour broder plusieurs bandes sur la boule.
3. Réaliser environ 22 boules de tailles différentes avec ou sans motifs aux couleurs de son choix.
4. Fixer le fil de fer sur chaque boule. Couper environ 20 cm de fil de fer, puis le plier en 2. Le piquer dans la boule en prenant environ 1 à 1,5 cm.
5. Enrouler les bandes coupées dans des chutes de tissus autour de l'anneau métallique.
6. Fixer les boules Temari de l'étape 4 autour de l'anneau en veillant à l'harmonie. Assembler plusieurs boules entre elles, puis les fixer sur l'anneau.
7. Nouer 3 bandes de chutes de tissus sur l'anneau.

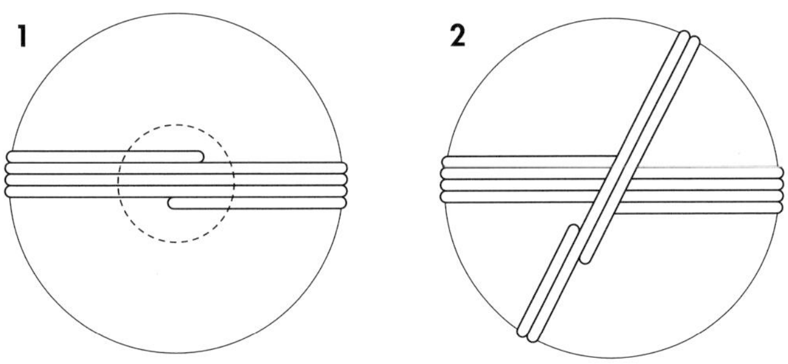

Point clé du point d'enroulement

1. Enrouler le fil autour de la boule sans créer d'espace. Arrêter le fil.
2. Broder la 2ᵉ bande en cachant le début et la fin de la 1ʳᵉ bande.

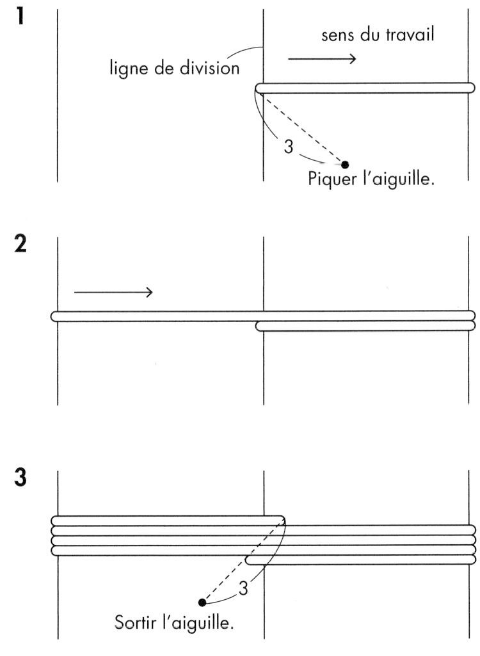

Point d'enroulement

1. Piquer l'aiguille à 3 cm du début du point et la sortir à gauche de la ligne de division. Enrouler le fil vers la droite. (S'il n'y a pas de ligne de division, enrouler le fil dans le sens opposé de l'aiguille.)
2. Enrouler le fil sans créer d'espace.
3. Enrouler le nombre de tours nécessaire. Piquer l'aiguille à droite de la ligne de division, puis la sortir 3 cm plus loin. Tirer le fil et le couper.

Modèle traditionnel

Circonférence : 20 cm
Division simple en 24

Machaon

page 34

Fournitures

Boule de base

Fil à recouvrir
A : noir (69), B : blanc (63)
Fil de division
A : blanc (63), B : noir (69)
Balle de riz : 24 g pour chaque modèle

Broderie

Coton à broder n° 25
A : blanc (63), B : noir (69)
* Broder avec 1 fil (6 brins), sauf indication contraire.
* L'unité de mesure est le centimètre.

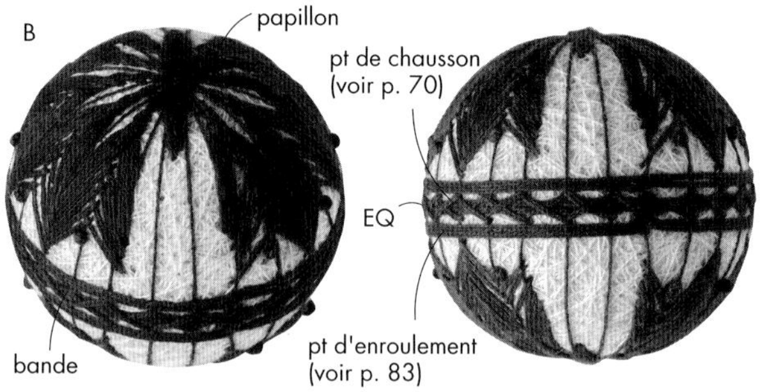

Réalisation (voir p. 49)

1 Préparer la boule de base, puis réaliser la division simple en 24 avec 3 brins.

2 Broder la bande.
① Broder 1 tour au point d'enroulement de chaque côté de l'équateur.
② Broder au point de chausson double sur les 2 lignes de l'étape ①.
③ Broder 2 tours au point de surjet en haut et en bas des points de chausson double.

3 Broder les ailes aux points de chausson supérieur et inférieur.
① Épingler le milieu du ruban en papier de 1,2 cm sur le pôle nord (pour mesurer 0,6 cm à partir du pôle nord).
② Mesurer entre la bande et le pôle nord.
Épingler à 2/3 du pôle nord.
* épingles 3, 5, 7, 9 et 11 pour l'aile droite, épingles 14, 16, 18, 20 et 22 pour l'aile gauche
③ Placer l'extrémité du ruban en papier sur la ligne de division 2. Sortir l'aiguille au ras du ruban pour commencer à broder au point de chausson supérieur.
④ Broder le 1er rang jusqu'à la ligne de division 11.
Sortir l'aiguille par le début, au-dessus du 1er rang, puis broder le 2e rang.
⑤ Broder le 3e rang de la même manière entre les lignes de division 2 à 11.
⑥ Continuer à broder du 4e au 7e rang au point de chausson inférieur.
⑦ Broder 1 point de nœud (3 tours) à chaque creux de l'aile (lignes de division 4, 6, 8 et 10). L'aile droite est terminée.
⑧ Broder l'aile gauche en suivant les étapes ③ à ⑦.

4 Broder le corps au point de fuseau.
① Épingler au milieu des lignes de division 1 et 24 et à 1 cm du pôle.
② Sortir l'aiguille au ras de l'épingle, puis broder 3 tours de la navette.

5 Broder 1 point de nœud (3 tours) de chaque côté des lignes de division 1 et 24 pour former les antennes. Le papillon du pôle nord est terminé.

6 Broder le papillon du pôle sud en suivant les étapes **3** à **5**.

Point de chausson supérieur

Piquer l'aiguille perpendiculairement à la ligne de division, de droite à gauche, et la sortir au ras du fil du tour précédent. La largeur de la partie chevauchée sera de plus en plus importante et le point apporte du relief.

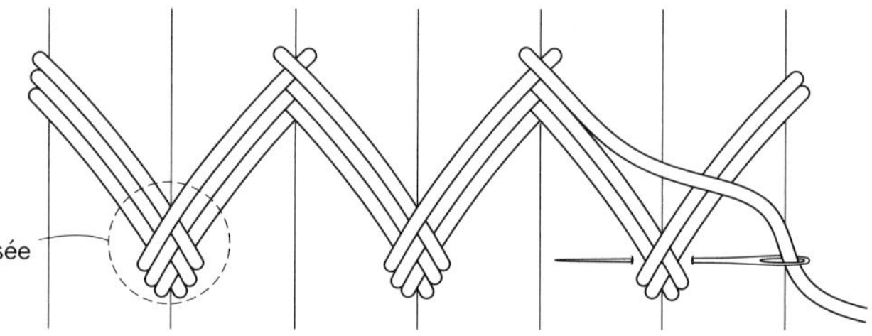

Point de chausson inférieur

Piquer l'aiguille perpendiculairement à la ligne de division, de droite à gauche, pour combler le creux formé au tour précédent. Ce point est plat.

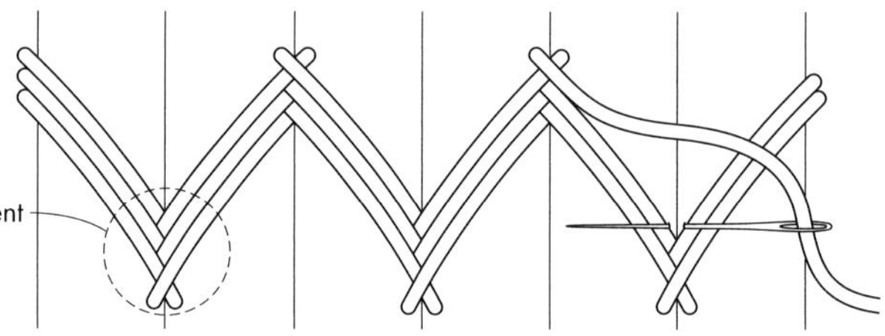

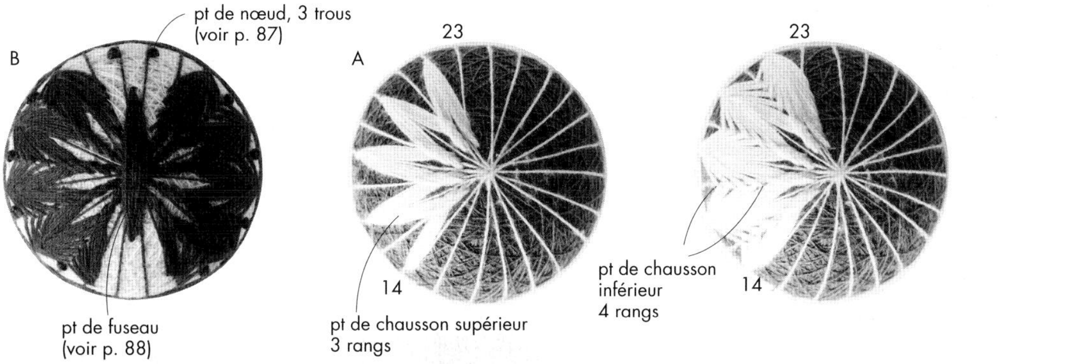

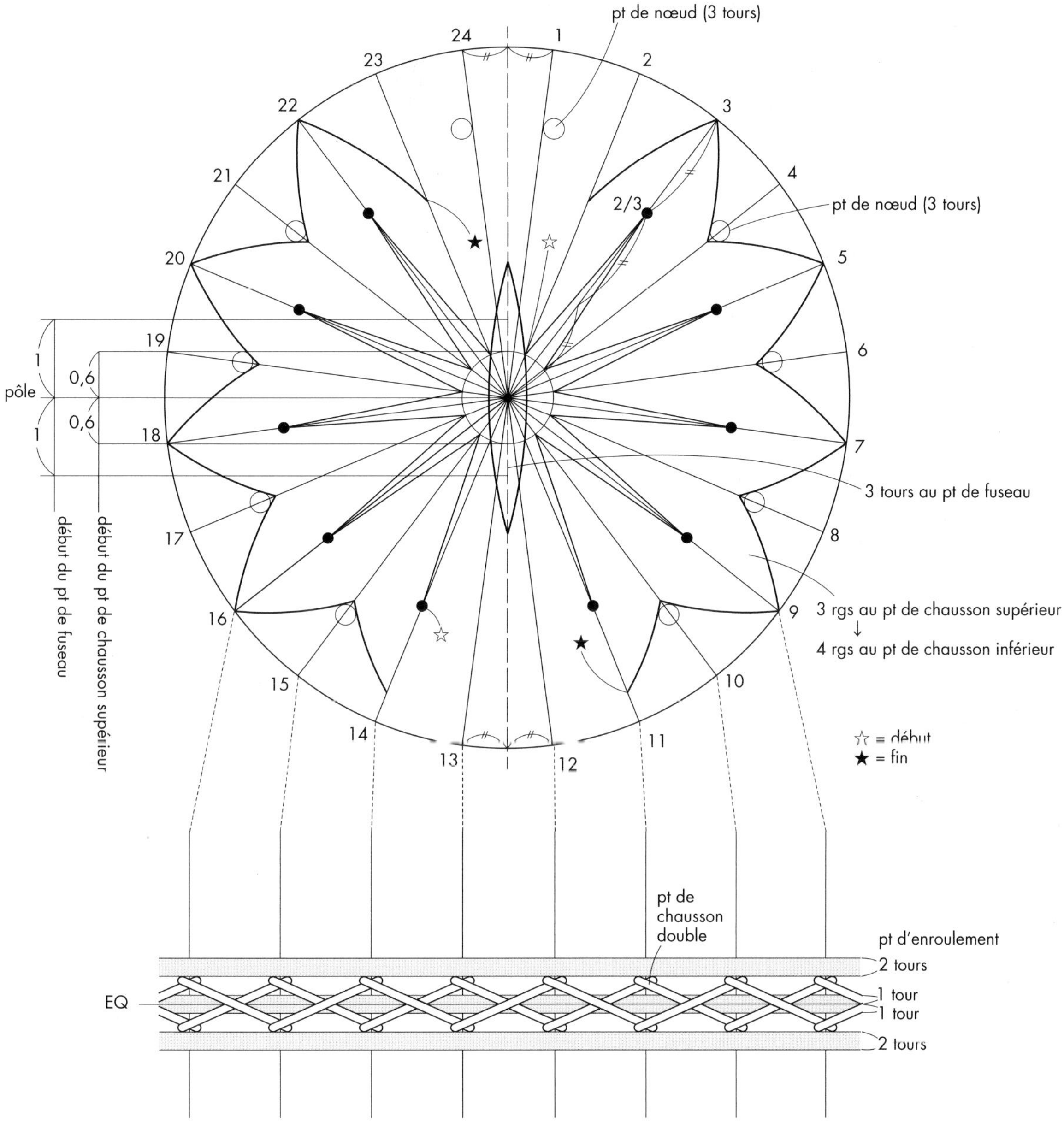

PN = pôle nord, EQ = équateur, PS = pôle sud

Modèle brodé

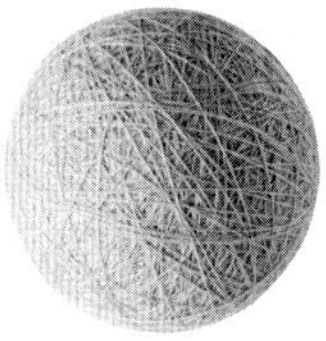

Circonférence : A = 16 cm, B = 20 cm
Aucune division

Flocon de neige

page 37

Fournitures

Boule de base

Fil à recouvrir
A-1 : bleu (18), A-2 (blanc (63), B : blanc (63)
Balle de riz
A : 12 g, B : 24 g

Broderie

Coton à broder n° 25
A-1 : blanc (63), bleu clair (16)
A-2, B : blanc (63)
Fil Diamant DMC D168 pour chaque modèle
* Broder avec 1 fil (6 brins), sauf indication contraire.

Réalisation (voir p. 52)

1 Préparer la boule de base.

2 Photocopier les guides (voir p. 87), puis broder librement 3 sortes de flocons de neige.

3 Broder les points de nœud (3 tours) autour des flocons de neige.

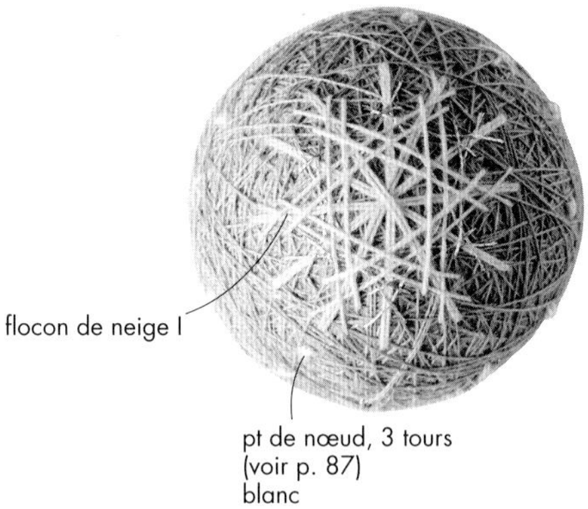

Flocon de neige I
Guide divisé en 12 (voir p. 87)

1. Broder au point de pin (voir p. 74) sur le guide divisé en 12.
   A-1 : blanc, bleu clair, A-2 et B : blanc
2. Broder au point triangle (voir p. 77) autour des repères ○ et ●.
   A-1, A-B, B : 1 fil Diamant
3. Broder 2 fois au point triangle autour des repères △ et ▲.
   A-1 : bleu clair, blanc, A-2, B : blanc (3 brins)

1, 2

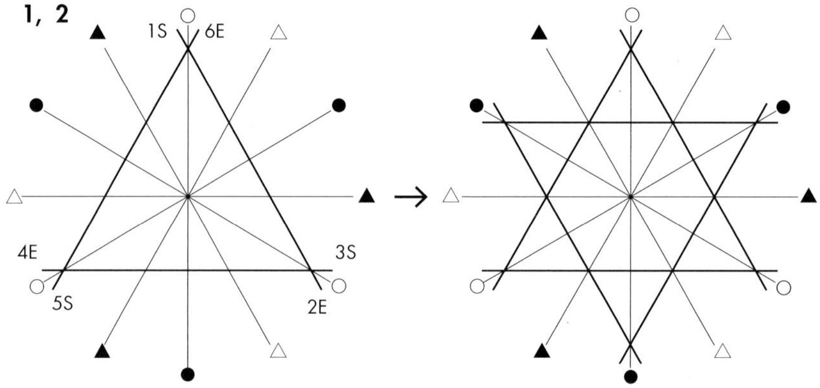

3

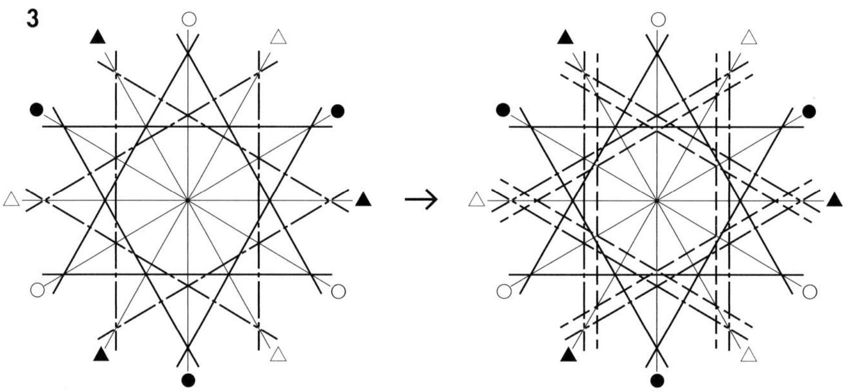

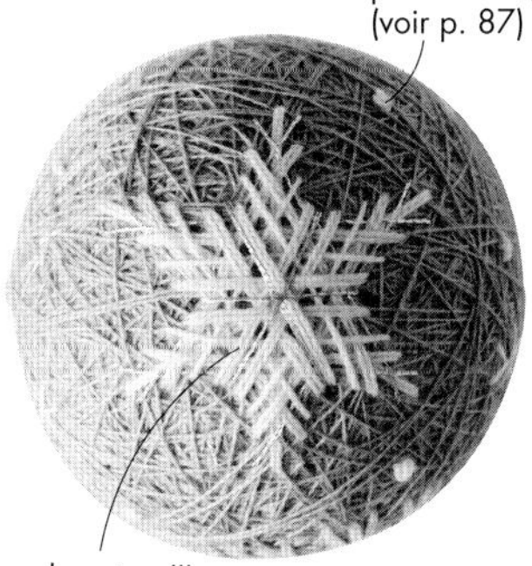

Guide
divisé en 6 (ø 3,5 cm)

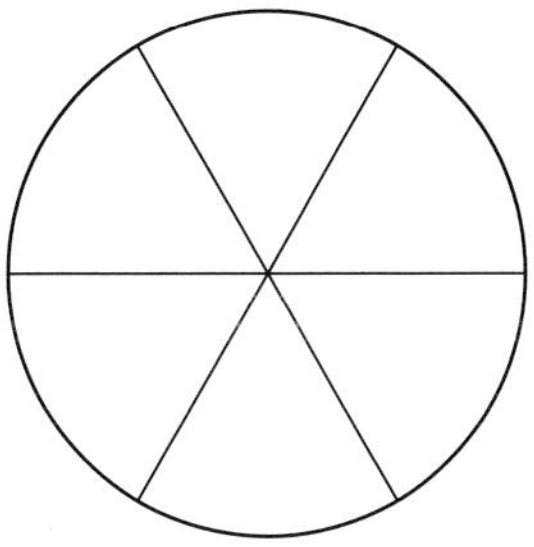

Guide
divisé en 12 (ø 3,7 cm)

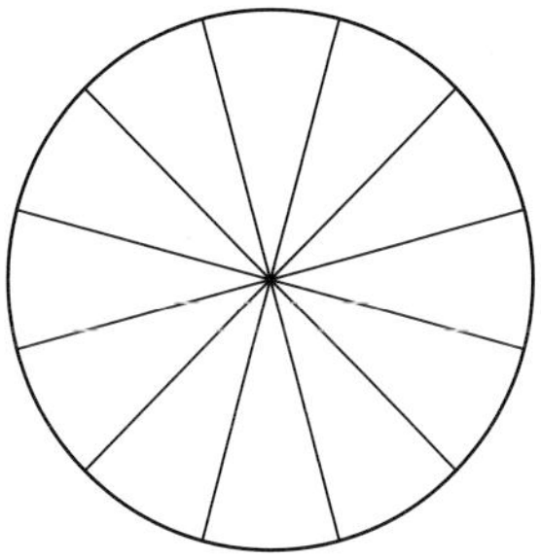

1, 2

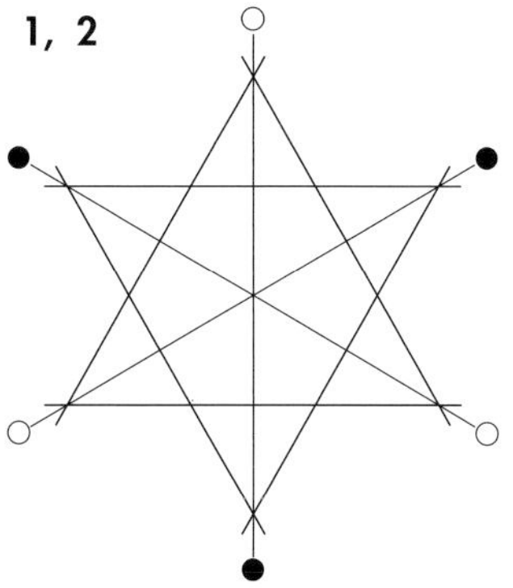

3

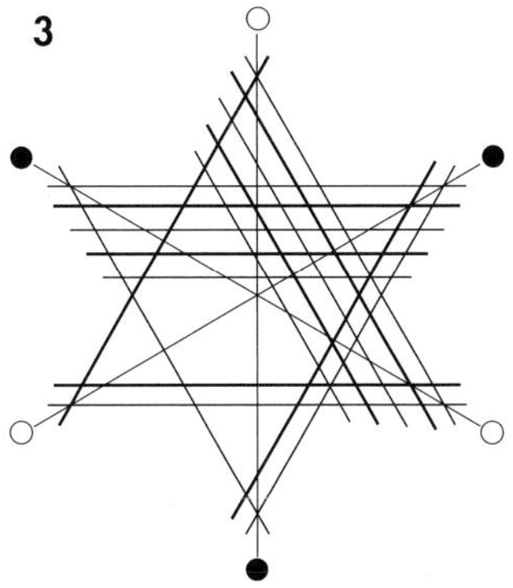

Flocon de neige III
Guide divisé en 6

1. Broder au point de pin (voir p. 74) sur le guide divisé en 6 avec le fil blanc.
2. Broder au point triangle (voir p. 77) autour des repères ○ et ●.
   A-1, A-2, B : 1 fil Diamant
3. Broder 4 fois au point triangle à l'intérieur du point de l'étape **2**.
   A-1 : bleu clair → blanc (3 brins) → bleu clair → 1 fil Diamant
   A-2, B : blanc → blanc (3 brins) → blanc → 1 fil Diamant

Flocon de neige II
Guide divisé en 12

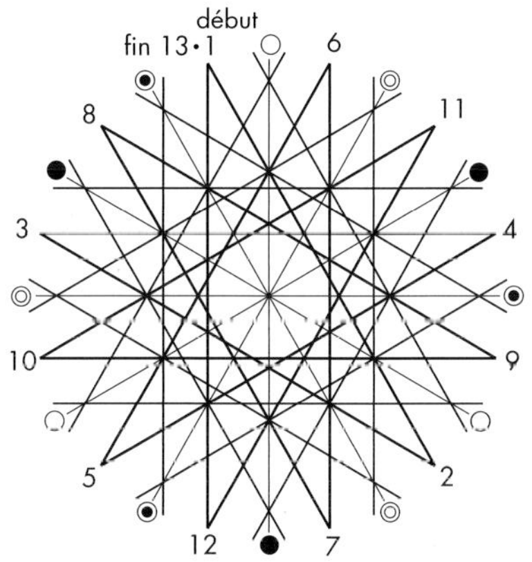

1. Broder au point de pin (voir p. 74) sur le guide divisé en 12 avec le fil blanc.
2. Broder au point triangle avec 1 fil Diamant autour des repères ○, ●, ◉ et ◎.
3. Passer le fil blanc dans l'ordre de 1 à 13 pour revenir en 1.

Point de nœud (3 tours)

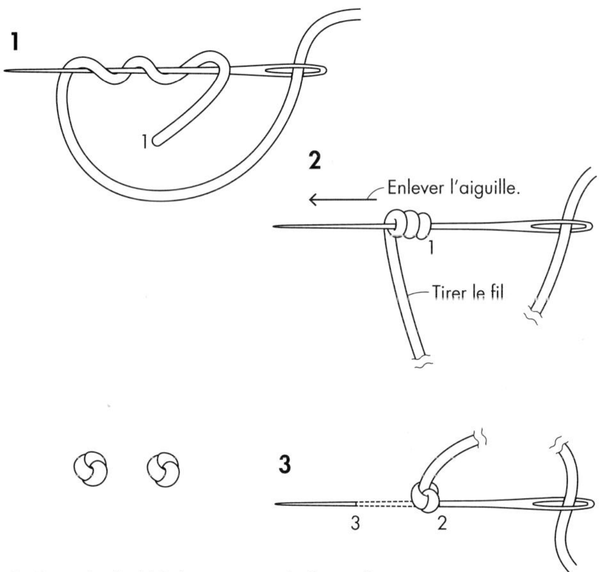

1. Enrouler le fil 3 fois autour de l'aiguille.
2. Tirer le fil pour rapprocher le fil vers la boule de base. Maintenir le fil enroulé, puis enlever l'aiguille dans le sens de la flèche.
3. Piquer l'aiguille au ras du nœud et la sortir 3 cm plus loin. Tirer le fil, puis le couper. Pour broder plusieurs points de nœud, répéter les étapes **1** à **3** sans couper le fil.

Modèle traditionnel

Circonférence : 26 cm
Division en 8 combinée
+ lignes auxiliaires

Jardin

page 38

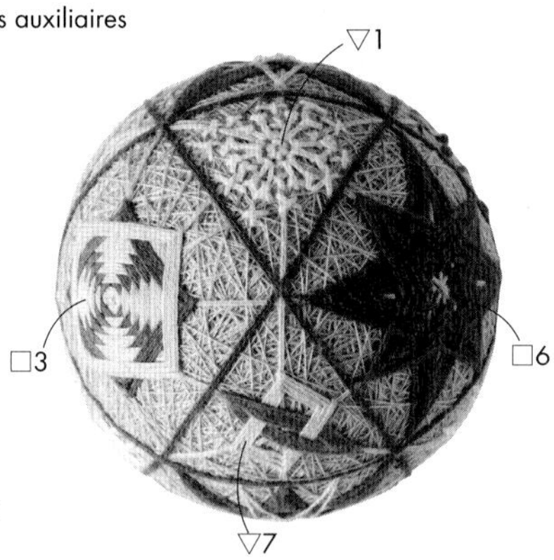

Fournitures

Boule de base

Fil à recouvrir : gris (65)
Fil de division : coloris assorti au fil à recouvrir
Fil auxiliaire : vert foncé (15)
Balle de riz : 55 g

Broderie

Coton à broder n° 25 : écru (01), rose pâle (38), bleu-vert (22), jaune pâle (02)

* Broder avec 1 fil (6 brins), sauf indication contraire.
* L'unité de mesure est le centimètre.

Réalisation

1 Réaliser la boule de base, puis réaliser la division en 8 combinée. Ajouter les lignes auxiliaires.

2 Repérer 6 carrés et 8 triangles séparés par les lignes auxiliaires. Broder les motifs en suivant le schéma de disposition.

Disposition

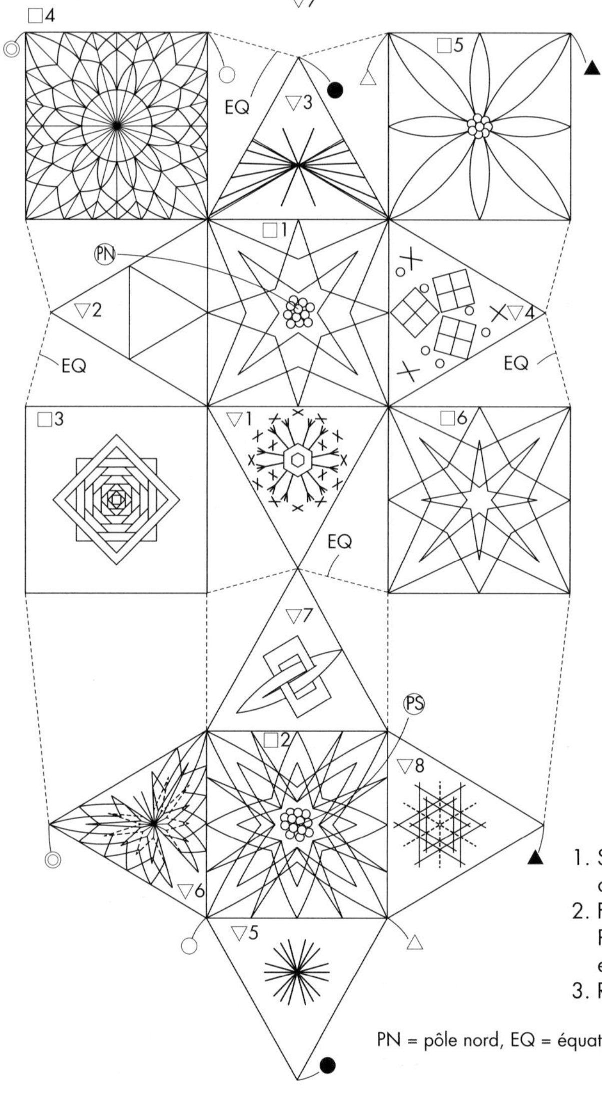

PN = pôle nord, EQ = équateur, PS = pôle sud

Point de fuseau

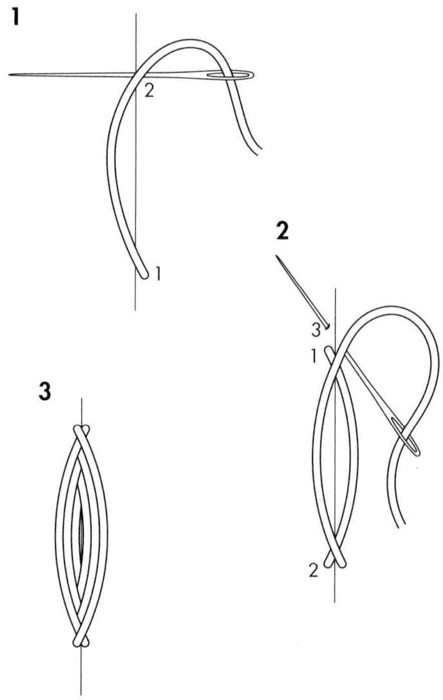

1. Sortir l'aiguille à gauche de la ligne de division. Faire pivoter la boule de 180°. Piquer l'aiguille sous la ligne de division, de droite à gauche.
2. Faire pivoter la boule de 180° pour revenir au début.
   Piquer l'aiguille sous la ligne de division en biais, de droite à gauche, et la sortir au-dessus du 1er point.
3. Répéter les étapes **1** et **2** pour broder le nombre de tours nécessaire.

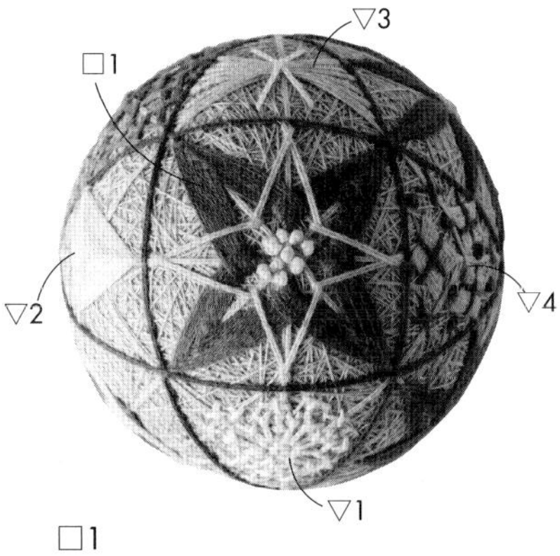

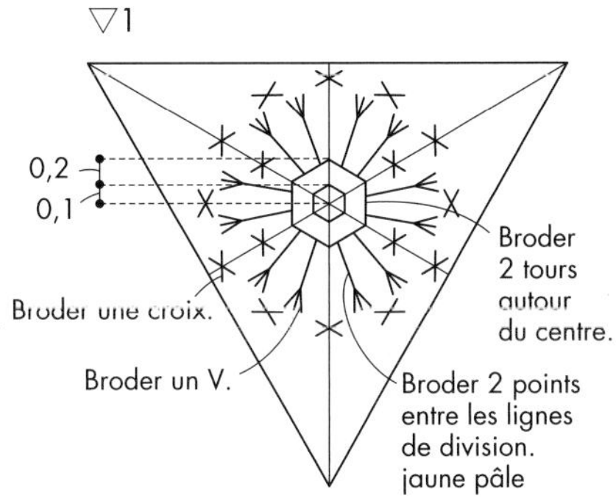

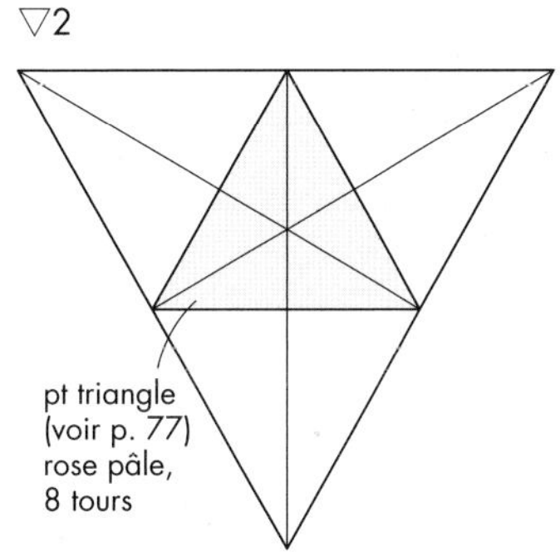

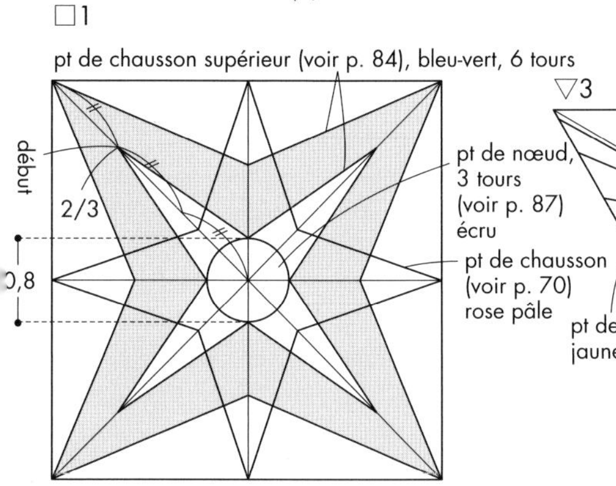

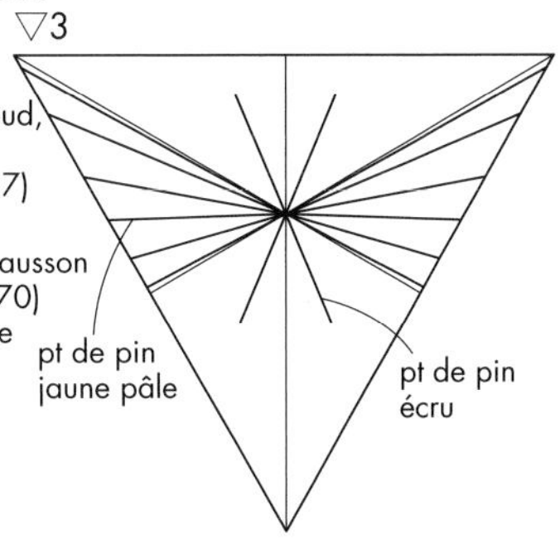

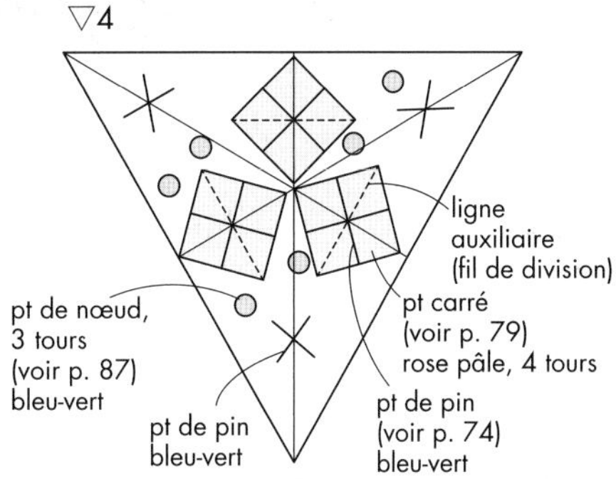

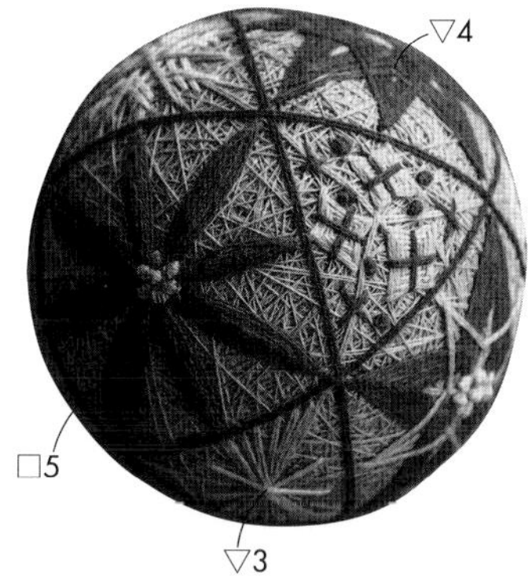

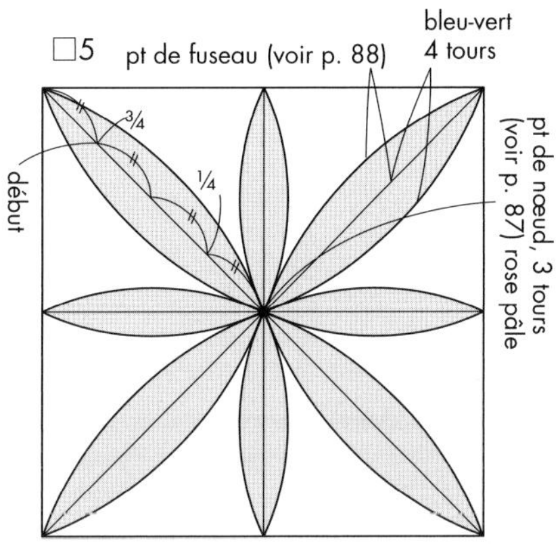

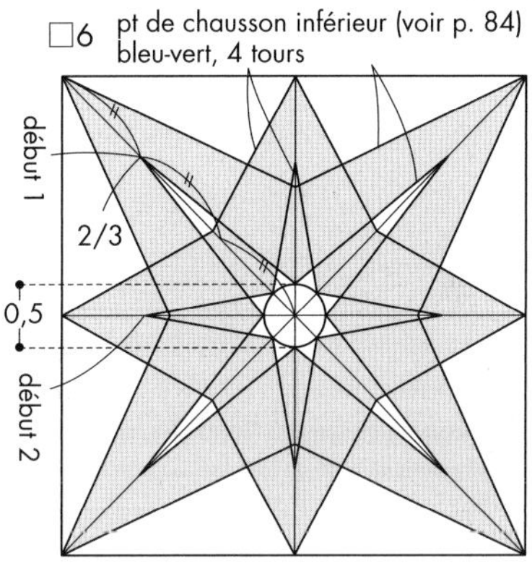

□1 Magnolia (voir p. 46 à 48)
Commencer à broder au 2/3 de la longueur du centre, sur la ligne de division. Broder 6 tours au point de chausson supérieur, puis une fleur au point de chausson. Broder des points de nœud au centre.

▽1 Aigrettes de pissenlit (voir p. 52 et 53)
Broder 2 tours autour du centre, puis 2 points entre les lignes de division. Broder un V à l'extrémité de chaque point, puis une croix à l'extérieur de chaque point V.

▽2 Point triangle
Broder 8 tours au point triangle autour des 3 lignes de division.

▽3 Papillon au point de pin (voir p. 62 et 63)
Broder au point de pin sur 2 triangles séparés par les lignes de division, puis broder 1 point de pin allongé au centre.

▽4 Annabelle (voir p. 72 et 73)
Ajouter des lignes auxiliaires perpendiculairement aux lignes de division. Broder 4 tours au point carré, puis ajouter 1 point de pin par-dessus. Broder des points de nœud et des croix au point de pin autour des fleurs.

□5 Fleur au point de fuseau
Commencer à broder au point de fuseau à 1/4 de la distance entre le centre et l'angle du carré en passant au 3/4 de la distance sur la même ligne. Broder 4 tours, puis quelques points de nœud au centre.

□6 Fleur au point de chausson inférieur
Commencer à broder au 2/3 de la distance entre le centre et l'angle du carré. Broder 4 tours au point de chausson inférieur en alternant les débuts 1 et 2.

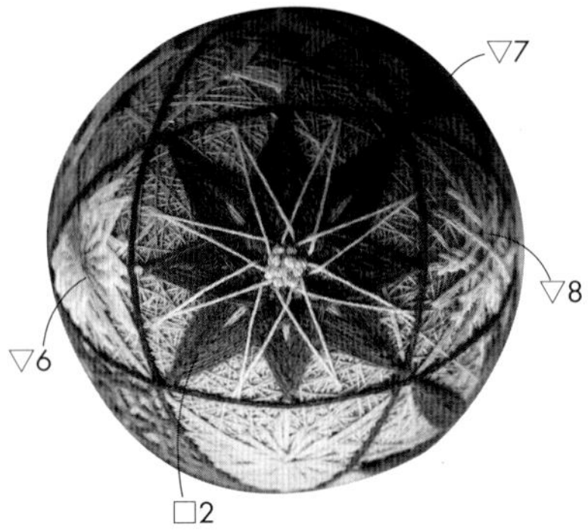

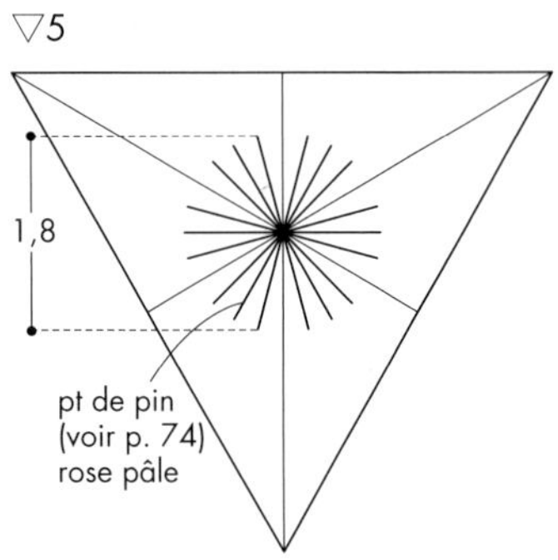

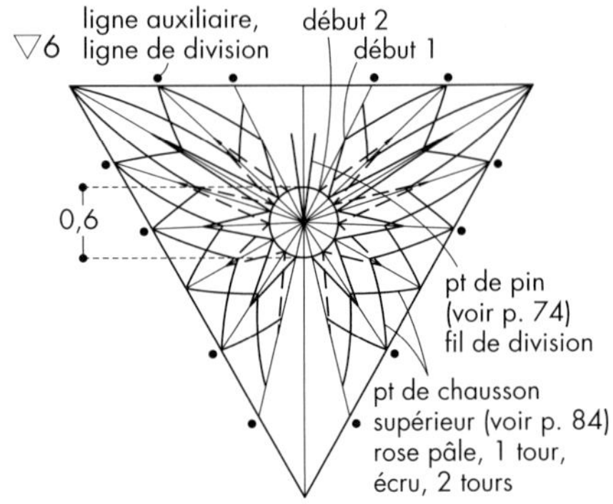

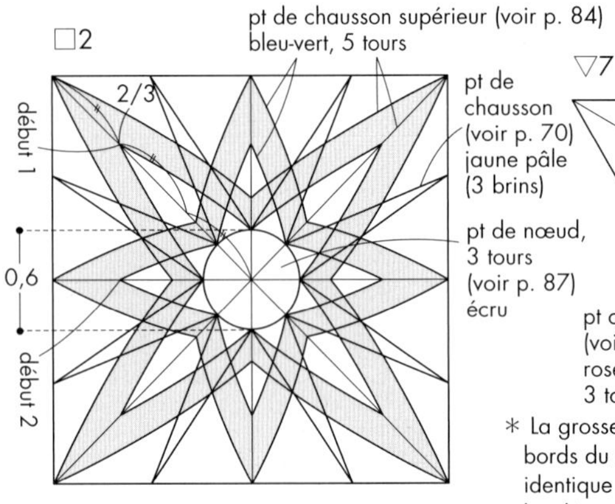

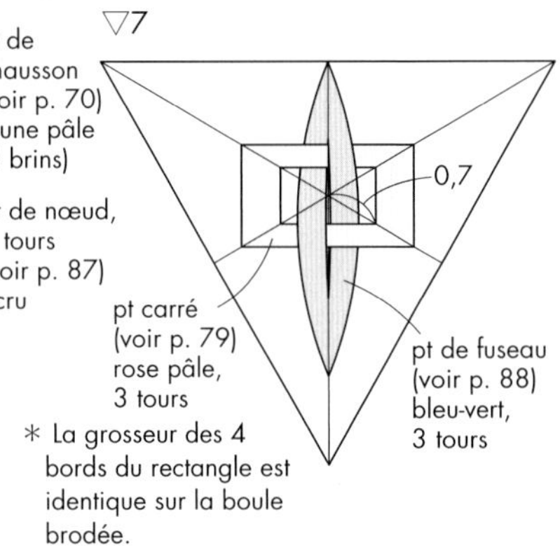

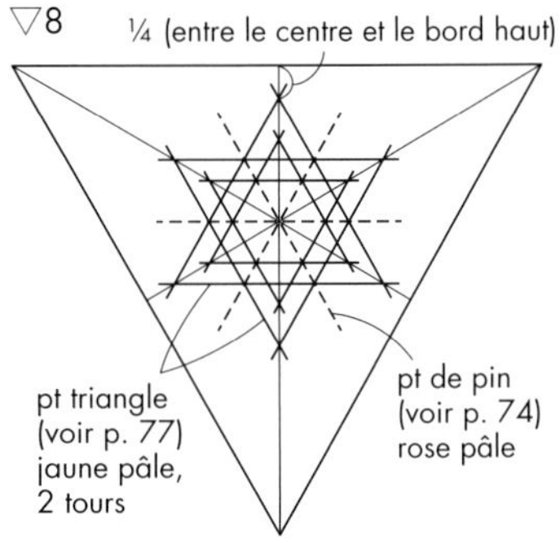

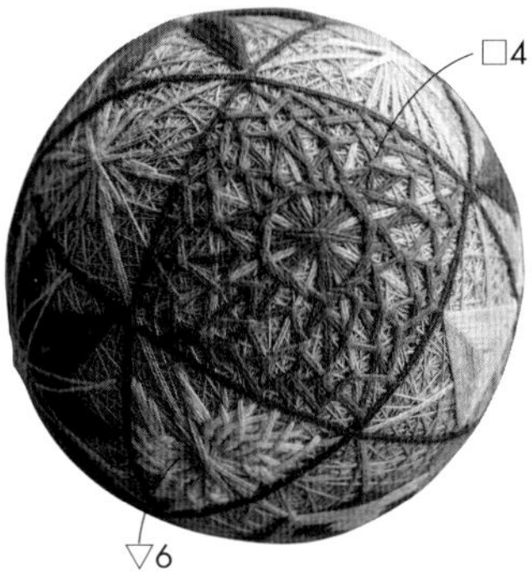

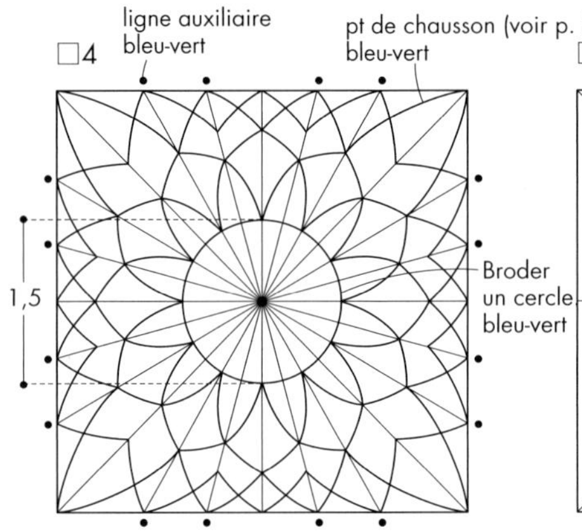

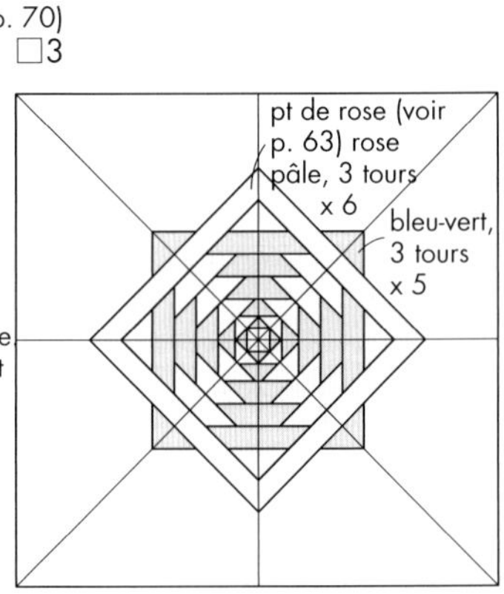

□2 Variation de la fleur à 8 pétales (voir p. 46 à 48, 70 et 71)
Commencer à broder au 2/3 du centre sur la ligne de division, broder tour par tour, alternativement à partir des débuts 1 et 2. Broder 5 tours. Broder 1 tour au point de chausson entre les pétales, puis remplir le centre de la fleur au point de nœud.

▽5 Fleur au point de pin (voir p. 76)
Broder 3 points de pin entre chaque ligne de division (18 branches).

▽6 Papillon (voir p. 62)
Ajouter 2 lignes auxiliaires entre chaque ligne de division, puis broder 3 rangs au point de chausson supérieur à partir du début 1 autour des 8 lignes de division. Broder l'aile opposée de la même manière, puis au point de pin au milieu.

▽7 Rectangle & navette torsadés (voir p. 58 et 59)
Marquer les repères à 0,7 cm du centre sur les 4 lignes de division. Broder le rectangle au point carré. Broder ensuite la navette en passant le fil dessus/dessous des bords du rectangle jusqu'à ce qu'une pointe touche le bord haut du triangle.

▽8 Flocon de neige (étoile en paille, voir p. 86)
Broder alternativement 2 triangles pour former une étoile à 6 branches. Broder au point de pin par-dessus.

□4 Fleur dentelée (voir p. 65)
Ajouter 2 lignes auxiliaires entre chaque ligne de division. Broder un cercle au centre, puis 4 tours au point de chausson.

□3 Point de rose (voir p. 64)
Broder à partir du centre du carré, en faisant pivoter la boule de 90°. Changer de couleurs tous les 3 tours.

Modèle traditionnel

Viola

page 4

Circonférence : 20 cm
Division de l'équateur (B-1, B-2)

Réalisation

A (voir p. 49)

1 Couper des cercles dans des chutes de tissus de 3 x 3 cm (mauve x 6, jaune x 3, bleu-violet x 3).

2 Plier 2 pièces de couleurs différentes en 2, puis disposer la pliure bord à bord. Les épingler sur la boule pour marquer le repère du pôle nord.

3 Broder au centre du tissu de l'étape **2** au point de pin avec 3 brins.

4 Fixer 1 fleur sur le pôle sud et 4 fleurs sur l'équateur (en le divisant approximativement en 4).

* Disposer librement les fleurs.

B-1, B-2 (voir p. 49)

1 Couper des cercles dans des chutes de tissus de 3 x 3 cm.
B-1 : jaune x 6, bleu-violet x 8
B-2 : jaune x 6, mauve x 8

2 Déterminer les pôles. Diviser l'équateur en 4, puis épingler.

3 Ajouter les lignes de division avec 3 brins.

4 Épingler à 1,5 cm de l'équateur vers le pôle. Broder au point d'enroulement en formant librement les bandes avec 3 fils de couleurs différentes.

5 Épingler 1 tissu au pôle nord. Broder au point de pin (16 branches) pour fixer le tissu.

6 Épingler 6 autres tissus autour du pôle nord, puis broder comme à l'étape **5**.

7 Fixer les 7 tissus au pôle sud, puis broder en suivant les étapes **5** et **6**.

Fournitures

Boule de base

Fil à recouvrir
A : vert foncé (15), B-1, jaune clair (06), B-2 : vert foncé (15)
Fil de division : coloris assorti au fil à recouvrir
Balle de riz : 24 g pour chaque modèle

Broderie

A

Coton à broder n° 25 mauve (27)
Tissus : bleu-violet, mauve, jaune

B-1

Coton à broder n° 25
Fleur : jaune (04), mauve (27)
Bande : jaune (45), marron (55), rouge-violet (25)
Tissus : jaune, bleu-violet

B-2

Coton à broder n° 25
Fleur : jaune (04), mauve (27)
Bande : jaune (04), mauve (24), violet (28)
Tissus : jaune, mauve

* Broder avec 1 fil (6 brins), sauf indication contraire.
* L'unité de mesure est le centimètre.

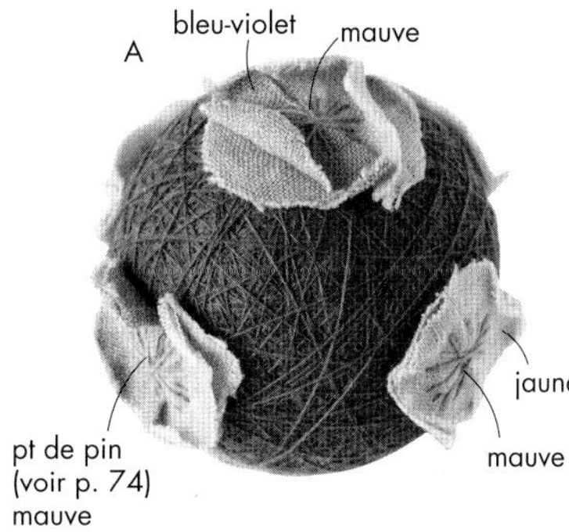

B-1, B-2 * L'indication entre parenthèses correspond au modèle B-1.

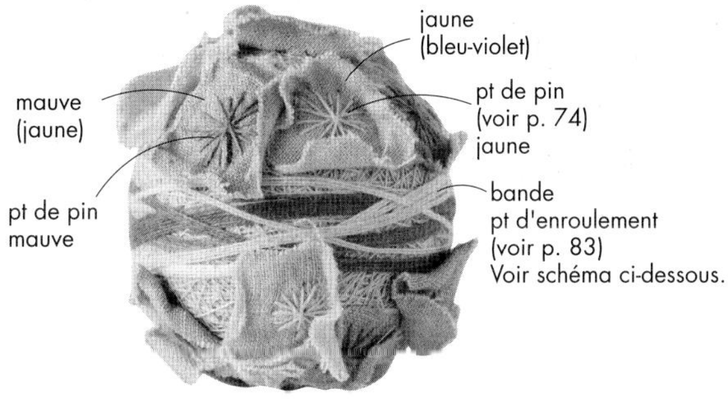

B-2 : réalisation de la bande

* Broder la bande du modèle B-1 avec 3 couleurs.

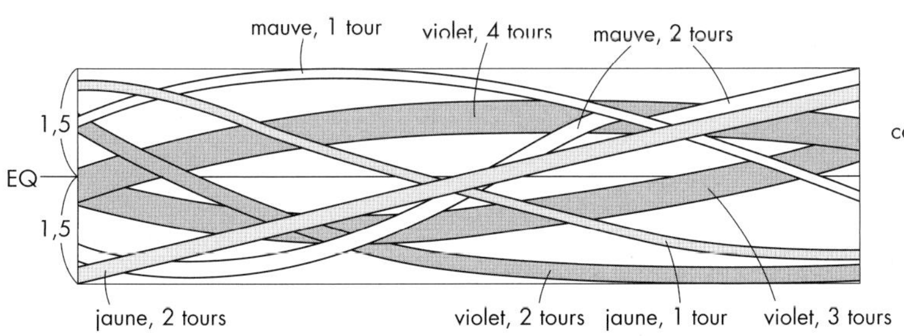

Réalisation de la fleur du modèle A

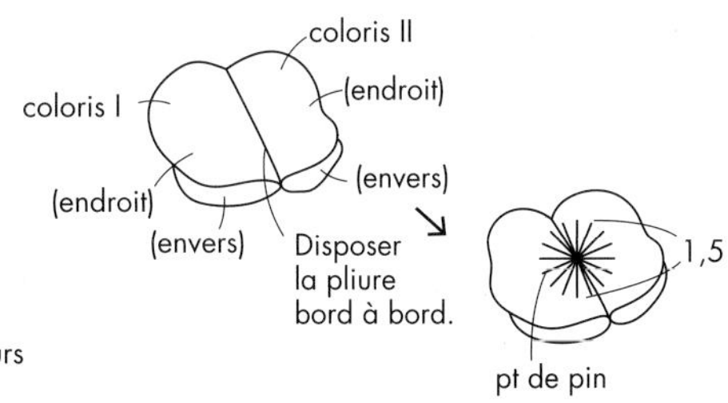

Modèle traditionnel

Boule de Noël

page 36

Circonférence : 20 cm
Division simple en 8

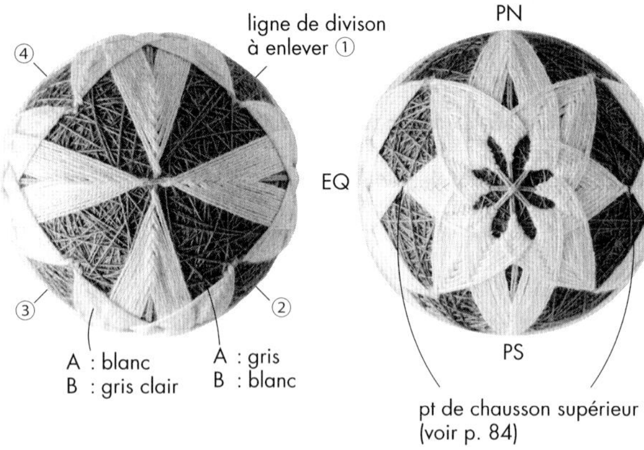

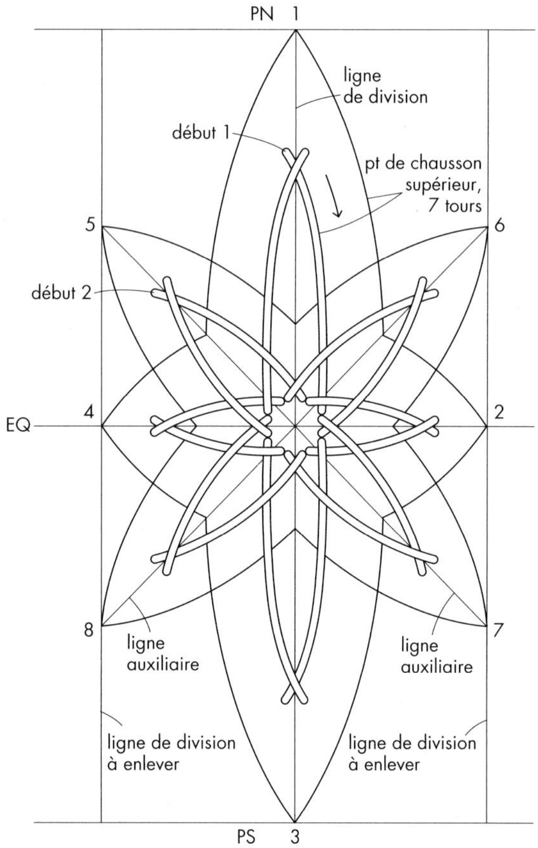

Fournitures

Boule de base

Fil à recouvrir

A : gris (66), B : blanc (63)

Fil de division

A, B : coloris assorti au fil à recouvrir

Balle de riz : 24 g pour chaque modèle

Broderie

Coton à broder n° 25

A : blanc (63), B : gris clair (64)

∗ Broder avec 1 fil (6 brins), sauf indication contraire.

Autres fournitures

Fil pour accrocher la boule Temari

∗ L'unité de mesure est le centimètre.

Réalisation

1 Réaliser la boule de base, puis réaliser la division simple en 8.

2 Repérer le grand losange divisé en 4 séparé par les lignes de division et l'équateur. Ajouter 2 lignes auxiliaires : commencer au milieu entre le pôle et l'équateur, passer par le centre et terminer par le milieu entre l'autre pôle et l'équateur. Passer une autre ligne dans le sens inverse.

3 Broder la fleur allongée à 8 pétales au point de chausson supérieur.

① Piquer 8 épingles au 2/3 à partir du centre et en suivant le schéma ci-dessous.

② Broder à partir du début 1, au ras de l'épingle. Faire un petit point à 0,5 cm du centre. Répéter de la même manière pour revenir au début (pétales 1 à 4).

③ Broder 1 tour à partir du début 2 de la même manière qu'à l'étape ② pour broder les pétales 5 à 8.

④ Broder 7 tours en suivant les étapes ② et ③. 1 fleur est terminée.

⑤ Broder 3 autres fleurs en suivant les étapes ② à ④.

5 Enlever les 4 fils de division situés entre les fleurs.

6 Passer le fil choisi au pôle nord, puis le nouer pour former un ornement.

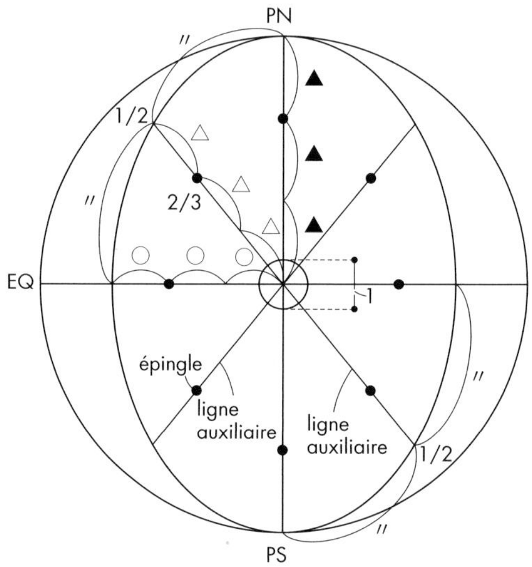

Modèle brodé

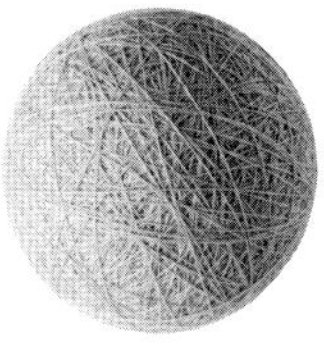

Circonférence : 22 cm
Aucune division

Glace

page 56

Fournitures

Boule de base

Fil à recouvrir

A : bleu clair (17), marron (54), rose pâle (30), blanc (63)

B : rouge-violet (34), jaune (03), orange pâle (38)

Balle de riz : 29 g pour chaque modèle

Autres fournitures

1 aiguille à matelas ou à poupée (extra longue)

1 cornet de glace

* L'unité de mesure est le centimètre.

Réalisation

1 Réaliser les boules unies de couleurs différentes.

2 Piquer l'aiguille extra longue au centre des boules pour les relier.

* Si la longueur de l'aiguille n'est pas suffisante, relier les boules 2 par 2, puis les assembler aux autres boules.

* Attention à la manipulation de la grande aiguille.

3 Placer les boules sur le cornet.

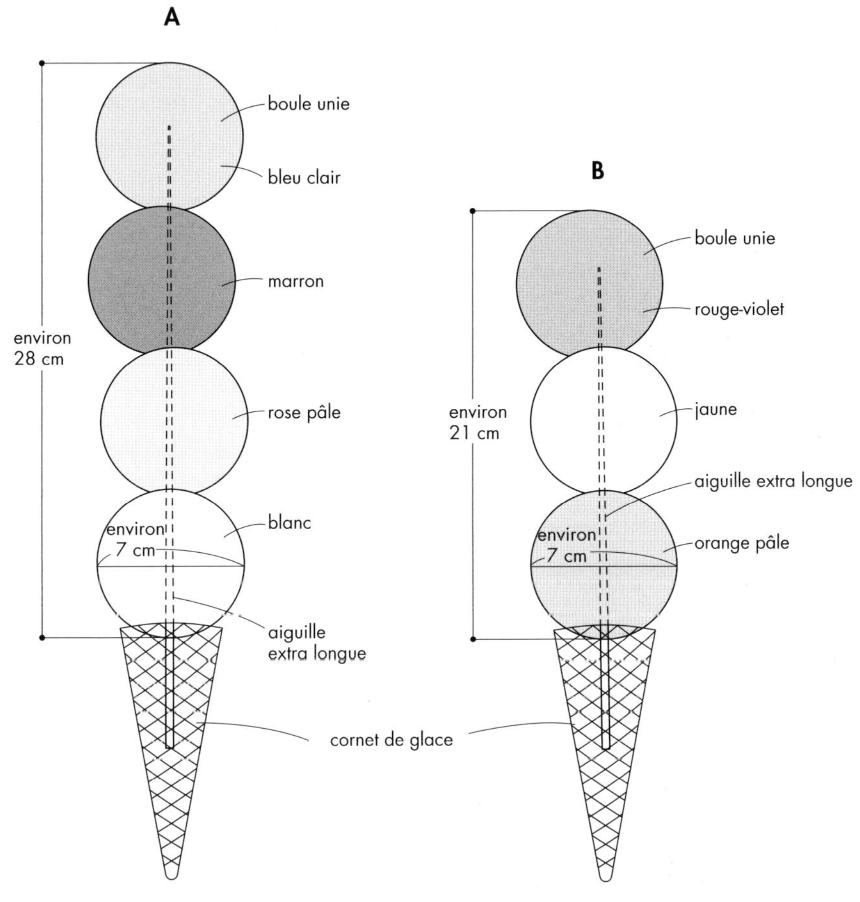

Présentation des ouvrages

Page 4

Viola

La viola apporte de la couleur au début du printemps. Les fleurs sont découpées dans des chutes de tissus teints avec des végétaux, puis fixées sur la boule de base au point de pin. Ce modèle est une nouvelle façon de confectionner les boules Temari.

Page 6

Aigrettes de pissenlit

Il ne faut pas longtemps pour que le tapis jaune des pissenlits se transforme en aigrettes et que celles-ci s'envolent vers le ciel. Ce modèle est une façon d'immortaliser les aigrettes. Les motifs brodés au point de pin sont dispersés sur toute la surface.

Page 8

Jumeaux

Les motifs de navettes sont combinés avec des papillons représentés par des carrés au point de pin. Ce motif est considéré comme porte-bonheur, donc parfait pour un cadeau de célébration.

Page 9

Papillons reliés

Les papillons sont constitués d'une série de carrés reliés entre eux autour de l'équateur. En ajoutant des lignes d'ornement, entre les lignes de division, elles représentent une scène de papillons voletant sous la pluie de printemps.

Page 10

Magnolia

Les magnolias, fleurs emblématiques de l'Angleterre, étaient impressionnants par leur forme puissante et leur aspect gracieux. Cette fleur est un excellent moyen d'apprendre à confectionner la première boule Temari avec les points de base.

Page 11

Envol de pétales

Cette combinaison de triangles, de carrés et de navettes, représente l'envol de pétales sous la brise de la fin du printemps. Les couleurs sont vives. Brodez les motifs en manipulant l'aiguille avec rythme.

Page 14

Papillon d'été

Un papillon indigo voletant comme une fée par une nuit d'été est représenté par des losanges. La superposition de deux losanges différents crée un autre losange plus petit. Le papillon est symbole de vie, de renaissance et de l'âme qui apporte du mystère à ce modèle.

Page 15

Œillets d'Inde

La grande fleur jaune est entourée par des papillons d'un blanc délicat. L'utilisation simple du jaune, teinté principalement avec du souci, apportent cette allure printanière. Les points brodés créent de magnifiques ombres sculpturales.

Page 16

Belle au bois dormant

Les roses grimpantes de la belle au bois dormant sont les motifs de ce modèle. Le cœur de la rose est entouré de navettes qui représentent la superposition des pétales. Le fil rose cendré est rehaussé par la couleur foncée de la boule de base.

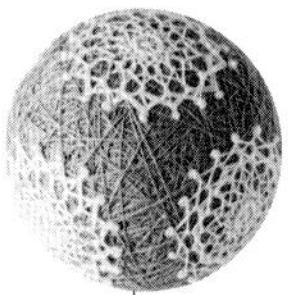

Page 17

Hochet pour bébé

Le hochet pour bébé avec un grelot à l'intérieur protégerait le bébé du mauvais sort. La fleur dentelée est brodée au fil blanc pour représenter la pureté de l'enfance.

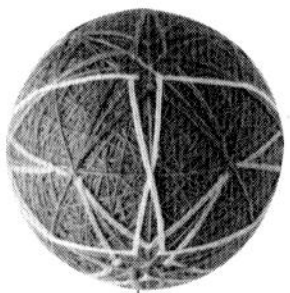

Page 18

Échinacée

Ce modèle est inspiré de l'échinacée, une herbe chère aux Amérindiens. De grandes fleurs multicolores sont superposées sur les six fleurs de couleurs différentes, ce qui rend ce modèle très intéressant.

Page 19

Bois de cèdre

Brodez alternativement un tour du pôle nord et du pôle sud pour découvrir une façon intéressante de réaliser la boule Temari. Le bois de cèdre, « l'arbre de vie » comme l'appellent les Amérindiens, est représenté par l'utilisation complexe des couleurs. Les nervures des feuilles sont ajoutées avec les lignes de division.

Page 24

Feuilles d'automne

Les navettes sont simplement disposées à la verticale. Les motifs autour de l'équateur ont des couleurs rappelant celles des feuilles mortes. Toutes les lignes de division sont enlevées à la fin pour créer un motif de feuilles flottantes.

Page 25

Papillons

Ce motif géométrique est réalisé en brodant alternativement des losanges et des triangles. Le vert de la base et des losanges représente la forêt et la mer. Les papillons sont composés de triangles violets. La couleur de base est visible sur l'arrière-plan et les lignes de division sont enlevées pour mettre les papillons en valeur.

Page 26

Pompon chrysanthème

Ce modèle est inspiré du motif traditionnel de chrysanthème, en y ajoutant une autre fleur brodée au point de chausson. En choisissant des couleurs différentes, pour le pôle nord et le pôle sud, vous pouvez réaliser la fleur en fonction de chaque saison.

Page 27

Lycoris rouge

Les lycoris rouges fleurissent le long des rizières et des routes au moment de l'équinoxe. L'aspect mystérieux de cette fleur est représenté par les points de pin superposés. Les grandes et petites fleurs placées librement sur la boule reflètent l'état naturel du fleurissement.

Page 28

Annabelle

Le point de pin superposé sur le point carré forme une fleur. Les petits pétales carrés et les couleurs nuancées représentent un hortensia d'automne. Ce motif symbolise la réunion de la famille par le rapprochement des pétales.

Page 29

Protea

Le motif traditionnel du panier en bambou et des fleurs de protea sont combinés pour réaliser cette boule Temari complexe. Le panier tressé à six brins, formant deux triangles superposés, est considéré comme une protection contre le mauvais sort.

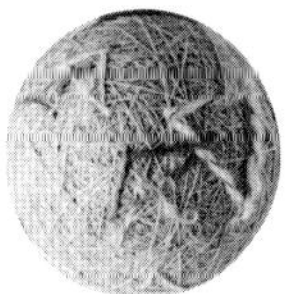

Page 32

Prisme

Ce modèle nécessite très peu de laine. De grands et petits triangles de différentes couleurs et de matières sont entrelacés et dispersés sur la surface. Il est amusant de combiner différents fils, comme le mohair ou le fil bouclette.

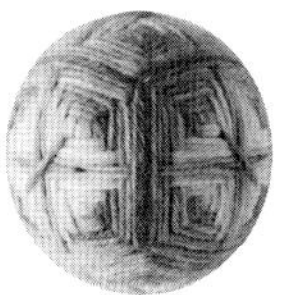

Page 32

Diamant

Les diamants sont créés en superposant des losanges et des triangles brodés avec de la laine. Ces motifs sont ensuite utilisés pour créer une fleur, en brodant le point de pin au centre. Un bel exemple pour obtenir un nouveau motif avec la succession des autres formes.

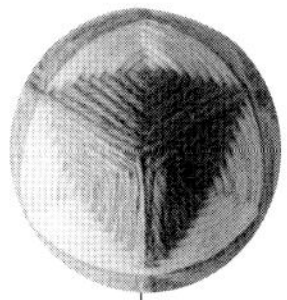

Page 32

Triangle

Les triangles sont brodés tour par tour en remplissant la surface en quatre couleurs. Des chutes de laines sont ainsi utilisées et apportent de la douceur à ce modèle. Il est parfait pour une décoration hivernale.

Page 33

Couronne

Ce modèle est brodé uniquement au point d'enroulement. Des boules, divisées ou non, sont rassemblées pour former une couronne. Déterminer librement le nombre, la taille, la couleur et la disposition des boules. Ce modèle est parfait pour la décoration d'une maison moderne.

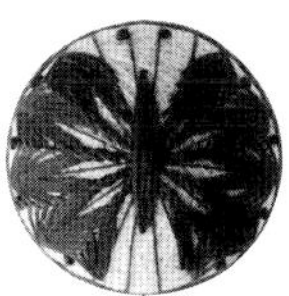

Page 34

Manchon

Le motif mystérieux des ailes du manchon est réalisé par les techniques traditionnelles des points de chausson supérieur et inférieur. Constitué uniquement en deux couleurs, noir et blanc, l'allure de ce modèle est saisissant tout en étant facile à confectionner.

Page 36

Boule de Noël

Le motif traditionnel du chrysanthème est légèrement allongé et disposé verticalement. En utilisant une seule couleur pour la fleur sur une base grise, le chevauchement des pétales apporte une ombre subtile rappelant une sculpture. Ce modèle est facile à assortir à des décorations de Noël tout en le combinant avec des modèles unis.

Page 37

Flocon de neige

Ce motif est inspiré de l'étoile en paille, très répandue en Allemagne. Les flocons de neige brillent pendant la saison du gel et ils sont représentés uniquement en blanc et bleu clair avec quelques touches argentées. Brodez les triangles sur la base du point de pin.

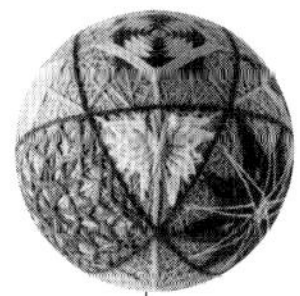

Page 38

Jardin

Un jardin fleuri est représenté sur cette boule Temari. Les 14 motifs de fleurs et de papillons de ce livre sont brodés comme un sampler. Amusez-vous à créer votre propre jardin en brodant, un par un, les motifs que vous avez appris.

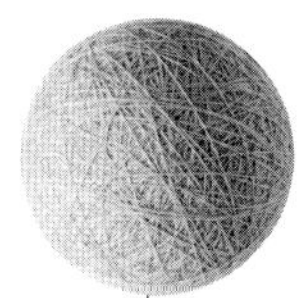

Page 56

Glace

Enroulez tout simplement le fil à recouvrir autour de la boule. Imaginez les saveurs à partir des couleurs des fils teints avec de l'herbe pour confectionner une glace en cornet. Le modèle est simple et très coloré.

TEMARICIOUS

Rika Stein (à gauche) et Naho Izumi (à droite) ont créé la marque TEMARICIOUS.
Elles habitaient en Europe. Après avoir travaillé dans des sociétés et des domaines différents, leur rencontre a, en toute évidence, abouti à la naissance de TEMARICIOUS dans leur quarantaine.
Rika s'occupe de la création des modèles et de la teinture des fils, et Naho de la réalisation des modèles et aussi de la promotion.
En souhaitant transmettre le plaisir et la richesse créative à travers les boules Temari, elles ont créé chacune leur propre marque en 2021.

Rika Stein NONA
Site : https://nonatemari.com/
Instagram : @nonatemari

Naho Izumi ENNESTE
Site : https://www.enneste.com/
Instagram : @ennestetokyo

Éditeur original : Katsuhiro Hamada
Direction artistique : Mihoko Amano
Photographie : Tadaaki Omori
Stylisme : Akiko Suzuki
Coiffure & maquillage : AKI
Mannequin : Alice Lab (STAGE)
Schémas : Satomi Dairaku
PAO : Bunka Phototype
Correction : Masako Mukai
Rédaction : Izumi Mochizuki
Yoko Osawa (BUNKA PUBLISHING BUREAU)

• Réalisation des ouvrages
Hiromi Sato
Yasue Fujiwara
Hiromi Mochizuki
Rie Yoshikawa

• Collaboration à la teinture
Keisuke Izumi
Rikuro Nakazawa

• Remerciements
Shiho Fujii

les éditions de saxe
3 chemin du Torey
69340 Francheville
www.edisaxe.com

Traduction : Mari Kobatake-Ginet

TEMARICIOUS NO TEMARI by TEMARICIOUS

Publié pour la première fois par EDUCATIONAL FOUNDATION BUNKA GAKUEN BUNKA PUBLISHING BUREAU.
Traduction française en accord avec EDUCATIONAL FOUNDATION BUNKA GAKUEN BUNKA PUBLISHING BUREAU, par l'intermédiaire de Tuttle-Mori Agency, Inc., Tokyo

27 BOULES TEMARI
JALI312 - ISBN : 978-2-7565-3692-7
Impression en Italie
Dépôt légal : à parution